# 中国大麦
## 进口风险研究

◎刘婧怡 李先德 著

中国农业科学技术出版社

图书在版编目（CIP）数据

中国大麦进口风险研究 / 刘婧怡，李先德著. -- 北京：中国农业科学技术出版社，2024. 8. -- ISBN 978-7-5116-7038-0

Ⅰ. F752.652.1

中国国家版本馆 CIP 数据核字第 20243HJ493 号

责任编辑　周伟平
责任校对　李向荣
责任印制　姜义伟　王思文

| 出 版 者 | 中国农业科学技术出版社 |
| --- | --- |
| | 北京市中关村南大街 12 号　　邮编：100081 |
| 电　　话 | （010）82106638（编辑室）（010）82106624（发行部） |
| | （010）82109709（读者服务部） |
| 网　　址 | https://castp.caas.cn |
| 经 销 者 | 各地新华书店 |
| 印 刷 者 | 北京建宏印刷有限公司 |
| 开　　本 | 148 mm×210 mm　1/32 |
| 印　　张 | 6 |
| 字　　数 | 160 千字 |
| 版　　次 | 2024 年 8 月第 1 版　2024 年 8 月第 1 次印刷 |
| 定　　价 | 48.00 元 |

版权所有·侵权必究

本书得到"国家现代农业产业技术体系建设专项经费（CARS-05-06A-01）"和中国农业科学院科技创新工程项目"国际农业经济与贸易"（10-IAED-04-2024）的资助，特此致谢！

# 前　言

　　中国政府始终将保障粮食安全作为治国安邦的头等大事。近年来，中央一号文件均强调要进一步提升粮食和重要农产品的有效供给能力，切实保障国家粮食安全。在有限的资源禀赋条件下，利用好国内国际两个市场、两种资源，是实施"确保谷物基本自给，口粮绝对安全"这一新时期国家粮食安全战略的重要抓手。一方面，把国内有限的资源投入主粮等重要农产品的生产中；另一方面，引导大麦、高粱等杂粮适度依靠国际市场提供保障。根据联合国粮食及农业组织（FAO）数据，20世纪60年代以来，中国大麦贸易一直处于净进口状态。随着经济社会的快速发展，中国大麦的饲用消费需求和加工消费需求快速增长，大麦进口依存度不断攀升，2020年达到89.98%。综合现实需求和政策导向来看，未来国际市场仍将是保障中国国内大麦消费需求的重要支撑。值得注意的是，虽然国际贸易能够有效缓解国内生产压力，更好满足国内大麦消费需求，但也容易暴露在"买得贵""买不到"等贸易风险之中。尤其是中国大麦对外依存度极高且进口来源高度集中，国际大麦市场的波动极易影响国内大麦市场供给的稳定性。因此，梳理中国大麦进口现状，科学评价大麦贸易风险，提出针对性的政策建议，对于更好保障国内大麦有效供应具有重要的现实意义。

　　不同于以往研究聚焦保护国内大麦产业，本研究基于更好利用国际大麦市场视角展开,全面、系统地评价中国大麦进口风险情况,然后在分析相关应对策略可行性及效果的基础上,提出相应的对策建议。相关章节安排如下。

第 1 章为绪论,对本研究的背景和意义进行了阐述,从大麦生产、贸易现状和贸易风险等方面对当前国内外研究进行综述,并介绍了本研究的主要内容和技术路线。

第 2 章为概念界定及理论基础,对本研究所涉及的大麦、贸易风险、风险管理和贸易救济措施等概念进行了界定,对农产品贸易理论、风险理论等相关理论进行了梳理。

第 3 章为国内外大麦生产及贸易情况分析,重点梳理了全球大麦生产分布情况以及贸易格局的演变,继而具体分析了中国大麦供需变动、空间分布特征以及贸易格局变化等情况。研究表明,全球大麦供给持续增长,种植区域以及进出口国家相对集中;中国大麦供需矛盾突出,生产布局呈"西移"的趋势;中国大麦进口量大幅增长,进口来源较为集中,同时中国大麦进口价格具有明显的波动特征。

第 4 章为中国大麦进口价格风险评价与成因分析,通过测算大麦进口数量变化引起的进口价格变化程度,评价中国大麦进口面临的价格风险情况,同时基于市场势力视角,运用 G-K 模型,从理论和实证两方面分析中国大麦进口价格风险的成因。研究表明,在 2015 年 1 月—2021 年 6 月,仅有 14 个月存在"中国大麦进口价格随进口量增长而大幅增长"的情况,大麦进口面临的价格风险较小;澳大利亚、加拿大和法国难以通过控制大麦出口量,大幅推高中国大麦进口价格;国内大麦消费需求快速增长和产量供不应求,是引起中国大麦进口价格大幅上涨的主要原因。

第 5 章为中国大麦进口数量风险评价与成因分析,运用 HP 滤波法测算中国大麦进口量与其趋势值的偏离程度,评价中国大麦进口面临的数量风险情况;基于大麦进口量与其趋势值变动趋异(同)视角,运用恒定市场份额模型分解中国进口量变动情况,探究中国大麦进口数量风险的成因。研究表明,在2015年1月—2021年6月,有23个月存在"中国大麦进口量大幅偏离其长期趋势值"的情况,且发生频率持续加快、偏离幅度不断扩大,中国大麦进口面临一定的数量风险;规模效应、结构效应、引力效应,以及中国大麦消费需求的快速增长是引起中国大麦进口数量风险的重要原因。

第6章为进口关税政策调整下中国大麦进口风险模拟,基于局部均衡理论,构建中国大麦进口局部均衡模型,模拟分析关税政策调整影响下中国大麦生产、贸易的变化情况,揭示中国大麦进口面临的潜在风险。研究表明,中澳贸易摩擦引致的关税政策调整对中国大麦进口影响较大,相较于基准情景,对澳大利亚进口大麦征收80.50%的关税后,中国大麦进口量将下降6.18%,进口价格将上涨10.75%,消费量将下降5.50%;若中澳贸易关系改善,对澳大利亚大麦进口关税降低至30%,中国大麦进口量将下降3.17%,进口价格将上涨4.87%,消费量将下降2.82%;若中澳贸易关系恶化,对澳大利亚大麦进口关税上涨至130%,中国大麦进口量将下降7.87%,进口价格将上涨13.93%,消费量将下降7.01%。

第7章为极端自然灾害影响下中国大麦进口风险模拟,基于SEA评估极端自然灾害对法国和加拿大大麦生产的影响,并将上述影响作为外部冲击放入中国大麦进口贸易局部均衡模型之中,具体探讨了在对澳大利亚征收"双反"关税背景下,极端自然灾害冲击对中国大麦进口贸易与国内大麦市场的影响。研究表明,极端自然灾害将造成法国、加拿大大麦产量分别减少7.95%、18.39%,与基准情景相比,中国大麦进口量将分别减少9.15%、9.15%,加权平均后的大麦进口价格将分别上涨 12.10%、11.86%。

第 8 章为中国大麦进口风险对策分析及效果模拟，重点分析了增加国内大麦产量和拓宽进口来源这两类应对贸易风险策略的可行性，并利用局部均衡模型模拟其作用效果。研究表明，当前大麦种植缺乏比较效益，广大农户缺乏种植大麦的意愿，难以通过扩大种植面积应对大麦贸易风险；虽然与其他主要大麦生产国相比，中国大麦单产水平较低，具有较大的提升空间，但政策效果模拟结果显示依靠发展国内大麦产业难以有效应对大麦进口价格风险，且应对数量风险的成本较高；通过培育新型经营主体，发挥规范化管理，规模化、机械化种植能够增加种植效益，在一定程度上推动国内大麦产业发展；同时中国具有拓宽进口来源的巨大空间，可通过实施进口多元化战略应对贸易风险，俄罗斯等大麦生产国的增产潜力较大，能够为中国拓宽大麦进口来源提供有力支撑，但可能面临较为高昂的成本。

第 9 章为研究结论与政策建议，根据以上结论，本研究提出以下政策建议：一是拓展进口来源，完善大麦进口调控政策。在稳定原有进口来源的基础上，积极拓展新的大麦贸易合作伙伴，尤其是加强与大麦生产潜力较大国家的贸易往来。二是建立健全大麦市场监测预警体系，提高贸易谈判能力。建立国内外大麦价格和生产成本监测预警体系，加强对生产情况、产销形势和市场价格的预测分析。三是多措并举，提高国内大麦生产能力。积极培育新型农业经营主体，大力发展订单生产，建立大麦产业发展联盟，有针对性地提供技术服务和相关支持。

著　者

2024 年 6 月

# 目 录

1 绪论 ·············································································· 1
　1.1 研究背景和研究意义 ············································· 2
　1.2 文献综述 ······························································· 5
　1.3 研究内容 ······························································ 21
　1.4 研究方法与技术路线图 ······································· 23

2 概念界定及理论基础 ···················································· 25
　2.1 基本概念界定 ······················································ 26
　2.2 理论基础 ······························································ 29

3 国内外大麦生产及贸易情况分析 ································· 39
　3.1 全球大麦生产及贸易情况 ··································· 40
　3.2 中国大麦生产、消费与贸易情况 ······················· 49
　3.3 本章小结 ······························································ 65

4 中国大麦进口价格风险评价与成因分析 ····················· 69
　4.1 中国大麦进口价格风险评价 ······························· 70
　4.2 中国大麦进口价格风险成因分析 ······················· 74
　4.3 本章小结 ······························································ 89

i

# 5 中国大麦进口数量风险评价与成因分析 ········· 91
## 5.1 中国大麦进口数量风险评价 ············· 92
## 5.2 中国大麦进口数量风险成因分析 ·········· 96
## 5.3 本章小结 ······················ 108

# 6 进口关税政策调整下中国大麦进口风险模拟 ········ 111
## 6.1 中澳贸易摩擦与大麦进口关税政策调整过程 ····· 113
## 6.2 中国大麦进口局部均衡模型构建 ··········· 114
## 6.3 情景设置与模拟 ··················· 123
## 6.4 本章小结 ······················ 129

# 7 极端自然灾害影响下中国大麦进口风险模拟 ········ 131
## 7.1 中国主要大麦进口来源国自然灾害风险评估 ····· 132
## 7.2 极端自然灾害风险对中国大麦进口影响的仿真分析 ··· 139
## 7.3 本章小结 ······················ 143

# 8 中国大麦进口风险对策分析及效果模拟 ·········· 145
## 8.1 国内外应对农产品贸易风险的对策梳理 ········ 146
## 8.2 中国发展大麦产业应对贸易风险可行性分析及效果模拟 ························ 147
## 8.3 中国实施进口多元化策略应对贸易风险可行性分析 ··· 152
## 8.4 本章小结 ······················ 155

# 9 研究结论与政策建议 ····················· 157
## 9.1 研究结论 ······················ 158
## 9.2 政策建议 ······················ 161

# 参考文献 ·························· 165

# 1 绪论

## 1.1 研究背景和研究意义

### 1.1.1 研究背景

中国拥有悠久的大麦种植历史，曾是全球主要大麦生产国。中国大麦收获面积在1962年达到549.03万$hm^2$的历史峰值，之后开始逐渐减少。即便如此，在20世纪90年代，大麦仍是中国国内仅次于小麦、玉米和水稻的第四大粮食作物。但近20年来，受比较优势弱和支持政策缺失等不利因素的影响，中国大麦收获面积连续大幅减少。到2020年，中国大麦收获面积仅为26万$hm^2$，大麦产量仅为90万t。在中国大麦收获面积和产量不断减少的情况下，大麦消费却表现出刚性增长趋势，供需矛盾日益尖锐。随着经济社会的快速发展，中国啤酒需求和畜禽产品需求快速增长，已成为全球最大的啤酒和畜禽产品生产、消费国，极大地推动了作为啤酒酿造原料和优质饲料原料的大麦消费需求快速增长。2011—2020年，中国大麦的平均总消费量为717.23万t，较2001—2010年增加了49.51%。其中，大麦饲用消费需求的增长最为突出，2011—2020年的大麦年均饲用消费量占大麦年均总消费量的45.51%，与2001—2010年相比，大麦年均饲用消费量增长了3.69倍。

为满足国内市场需求，中国大麦进口量持续快速增长。结合联合国商品贸易统计（UN Comtrade）数据库数据可知，2020年中国共消费大麦897.95万t，其中89.98%来源于进口大麦。无论是从资源禀赋还是从经济效益的角度来看，充分利用国际市场是现阶段保障中国大麦供给的重要途径。从资源禀赋来看，根据2020年中国大麦平均单产3 461.50 $kg/hm^2$计算，中国需要多投入

259.41万 hm² 耕地来种植大麦，才能满足当年国内897.95万 t 的大麦消费需求，这个面积相当于目前大麦收获面积的9.98倍。然而，中国耕地资源较为稀缺，为大麦种植提供大量耕地的难度较大。从经济效益来看，与同期竞争性粮食作物相比，大麦的比较效益较低，农户种植大麦的积极性不高。与进口大麦相比，国内大麦的质量和价格都不具备竞争优势，下游加工企业收购国内大麦的意愿较低。

虽然国际贸易能够有效解决国内供需矛盾，缓解国内生产压力，但也容易使本国产业暴露在贸易风险之中（马述忠 等，2012）。一是大麦进口缺乏稳定性，总供给量难以控制，可能存在短缺或过剩的风险。2014年以来，中国大麦进口量年际波动幅度较大，表现出起伏不定的变动特征。2015年中国大麦进口量达到1 078.57万 t，同比增长约1倍，但2016年大幅回落至505.51万 t；此后，持续大幅起落，2020年又增长到807.95万 t。二是中国大麦进口价格面临随进口量增加而大幅上涨的风险。在进口来源高度集中的情况下，甚至可能因出口国对价格的操控而遭受更大损失。三是在频发的贸易摩擦和极端自然灾害的影响下，中国大麦进口数量、进口价格可能出现较大波动，进口存在极大的不确定性风险。在贸易摩擦、极端自然灾害等外部冲击的影响下，全球大麦生产和贸易的正常开展受到严重干扰和限制，也对中国造成较大的负面影响。例如，2007年极端干旱导致澳大利亚大麦同比减产62.23%，进而引发国际大麦价格上涨幅度超过50%。此次由极端自然灾害事件引发的国际大麦价格上涨，致使中国啤酒企业进口成本骤增，每吨啤酒成本上涨约20%。此外，2020年中国对澳大利亚进口大麦征收反倾销税和反补贴税，导致实际上暂时停止进口澳大利亚大麦，中国大麦进口价格随后大幅攀升。据中国海关数据，2021年中国大麦进口价格同比上涨 19.40%。

随着国内耕地等资源约束的趋紧，中国政府立足实施粮食和重要农产品保障战略，即在确保粮食安全的基础上，进一步统筹利用好国内国际两个市场、两种资源，拓展进口渠道，更好地满足国内消费需求。由此可以预见，国际市场仍将是确保中国大麦稳定供给的重要来源。然而，当前百年未有之大变局加速演进，国际市场环境日趋复杂，国际局势动荡，大大增加了贸易风险发生的不确定性和可能性。同时，频发的极端自然灾害，也给全球大麦供给体系带来严重冲击。在此背景下，中国大麦进口面临哪些风险？贸易摩擦、极端自然灾害等外部冲击对中国大麦市场造成何种影响？如何才能有效规避风险？这些问题值得深入研究。

### 1.1.2 研究意义

大麦是中国畜牧业和啤酒产业的重要原料，对于保障这些产业正常运行和稳定经济社会发展都具有重要作用。近年来，中国大麦产需缺口持续扩大，净进口依存度达到89.98%，并且中国大麦进口来源高度集中，形成了澳大利亚、加拿大、法国三国垄断的贸易格局。在中国大麦进口规模不断扩大的趋势下，较高的进口依存度和进口市场集中度使中国大麦进口面临较大的潜在风险。此外，当突发事件引起国际大麦供给变动时，国际大麦价格也会剧烈波动，中国大麦相关产业将面临进口成本上升和进口数量难以得到充足保障的双重压力。随着国内市场与国际市场的深度融合，只有充分认识和厘清国际贸易风险，掌握防范风险的有效手段，才能规避国际贸易中的潜在损失。因此，本研究尝试从贸易价格、贸易数量两个方面系统分析中国大麦进口面临的风险，并在此基础上提出相应的对策建议，对于统筹利用好国内国际两个市场、两种资源，保障国内大麦供给具有重要的参考价值。

（1）理论意义。本研究基于中国大麦进口现状，对中国大麦进口风险进行了较为全面、系统的评价和分析，丰富了中国大麦国际贸易的理论研究成果。在研究方法和研究思路上，也为其他农产品进行相关的贸易风险评估提供了一定的参考和借鉴。

（2）现实意义。中国是大麦消费大国，但不是生产大国，国内供需矛盾突出，充分利用国际市场是稳定中国大麦供给的重要抓手。这就要求中国更好地防范大麦进口风险，实现对国际大麦市场的有效利用。因此，探究中国大麦进口风险，科学评价其对中国大麦市场的影响，并提出相应对策措施，为建立健全大麦生产和贸易支持政策体系提供参考，对于保障中国大麦平稳有效供给具有重要的现实意义。

## 1.2 文献综述

### 1.2.1 关于大麦生产和贸易的研究

#### 1.2.1.1 关于大麦生产的研究

全球大麦产业多次受到极端自然灾害的影响，并出现生产大幅波动的情况（刘婧怡 等，2022）。因此，诸多学者针对气候变化、极端自然灾害对大麦产业的影响进行了广泛研究。Holden 等（2003）研究发现，在气候变暖的趋势下，预计 2055 年全球大麦产量将有所增加，但是降水减少会对大麦产量造成负面影响。Yawson 等（2016）运用 Aqua Crop 模型预测了 21 世纪 30—50 年代英国大麦产量，结果显示，气候变暖为英国大麦产量的增加带来了机遇。但是干旱等极端自然灾害也可能会破坏大麦产量的稳定性，在某些年份造成严重减产。Yawson等（2017）运用食物平衡法，模拟了气候变化和能源缓解政策对英国大麦和麦芽产业的影响，结果显示，虽然气候变化使21世纪30—50年代英国大麦供应增加，但是气候和能源缓解政策导致耕地面积减少，进而会损害大麦供给。Xie等（2018）基于4种情景，运用地球系统模型（Earth System Models，ESM）和全球贸易分析模型（Global Trade Analysis Project Model，GTAPM），预测了极端气候对全球大麦产量和啤酒消费的影响，结果显示，极端气候将导致未来全球大麦减产3%~17%，进而限制全球啤酒供给量，并引起全球啤酒价格上涨。Yawson等（2020）预测了2050年气候变化对英国大麦供给的影响，以及大麦产量变化引起的饲料供应量的变化情况。

国内学者更多围绕中国大麦产量、大麦种植收益等情况展开分析。赵雪雁等（2015）基于青藏高原近50年的平均气温、降水量和日照等数据，研究了气候变动对青稞生产的影响，结果显示，青稞生产潜力呈上升趋势，其中，降水是影响青稞产量增长的关键因素。杨东群等（2013）基于1996—2010年的大麦生产数据，利用变异系数和生产布局指数对中国大麦生产布局变动及其影响因素进行了分析，研究发现，大麦种植收益、调节茬口期等因素是促进中国大麦生产重心不断向中国西北地区和西南地区转移的重要因素。张琳（2014）构建局部均衡模型，系统分析了中国大麦供需现状，研究表明，目前中国大麦产业发展滞后，产不足需问题较为突出，导致中国严重依赖进口。程燕（2013）从产业链的角度分析了中国啤酒大麦产业逐年萎缩的原因，发现啤酒大麦产业链各环节松散的现状导致了各主体收益率较低，挫伤了农户种植大麦的积极性。岳子惠（2014）基于新疆、内蒙古和安徽等省（区）的微观调研数据，从农户生产行为的角度对中国大麦产业进行了分析，研究发现，化肥、机械等农资费用的不断提高制约了国内大麦产业的稳定发展，而农户的种植年限、大麦单产水平、生产成本、补贴政策显著影响农户的生产行为。贾小玲（2018）基于甘肃、云南、湖北、河南和四川等省的微观调研数据，从国内大麦生产技术效率的角度对中国大麦生产现状进行评价分析，结果显示，大麦种植农户普遍存在技术效率低下的问题，提高农户人力资本、开展生产技术培训、加入农民专业合作社和使用优质大麦品种是促进大麦生产技术效率提升的重要因素。

#### 1.2.1.2 关于大麦贸易的研究

部分文献探讨了中国大麦贸易竞争力情况。杨莲娜等（2012）利用国际市场占有率、贸易竞争力指数等指标对中国大麦国际竞争力进行测算。结果显示，中国大麦的国际竞争力较弱，长期存在的供需矛盾迫使中国不断进口大麦。谭琳元等（2020）基于贸易视角，选取国际竞争力指标和产业控制力指标对当前中国大麦产业安全进行评价。结果表明，近年来中国大麦产业对外依存度较高，不仅不具有国际竞争力，而且由于缺乏贸易政策的有效保护，极易遭受进口冲击。还有部分文献分析了中国在大麦进口中面临的风险和可能遭受的损失。龚谨等（2019）通过构建阿明顿模型（Armington）测算了1996—2017年中国大麦进口来源国的供给弹性，以此判断中国大麦进口依赖性。研究表明，中国进一步增加自澳大利亚、法国等国家的大麦进口，会严重影响中国大麦进口安全；增加自俄罗斯、哈萨克斯坦和英国的大麦进口，可以有效分散中国面临的贸易风险。高度依赖进口还导致中国在国际大麦贸易中缺少定价权（徐明，2013）。孙致陆等（2015）指出，定价权的缺少导致中国国内大麦价格较大幅度地受到国际大麦价格波动的影响，进而面临进口价格变动和国内大麦市场供需失衡的双重风险。

张融（2015）发现，由于中国在大麦进口中缺乏市场势力，国际大麦价格的波动极易传导至国内大麦市场，使国内大麦市场面临较大的价格风险。中国主要大麦进口来源国澳大利亚和加拿大在中国大麦进口中存在一定的市场势力，但是两国之间存在竞争关系，这对于中国改变进口来源、降低进口价格风险起到了重要的调节作用。

### 1.2.2 关于国际贸易风险研究

#### 1.2.2.1 国际贸易风险的定义与分类

亚当·斯密指出，重商主义鼓励出口，通过提高关税限制进口，更多输出本国剩余产品和服务。对于出口国而言，其他国家提高进口关税的可能性就是其面临的国际贸易风险。显然，亚当·斯密只关注到了国际贸易风险中的一类，即贸易政策风险。后续研究主要从宏观、微观两个视角对国际贸易风险进行定义。宏观层面的国际贸易风险是指当一国对外贸易的依存度较高时，受国际贸易数量、价格波动影响而遭受损失的可能，主要涉及一国政治风险和金融风险等；微观层面的贸易风险是指在对外贸易中，相关贸易因素发生了始料未及的变化，致使贸易企业实际产生的成本收益与预期成本收益不符，从而遭受经济损失的可能性，主要涉及经营风险、战略风险、合同风险、运输风险、结算风险和外汇风险等（马媛，2007；吴建功，2008）。庄鸿棉等（1994）从风险来源角度，将贸易风险分为国际因素风险、国内因素风险和不可抗力风险。其中，国际因素风险包括国际政治风险、国际经济风险、国际法律风险、国际资信风险、国际市场风险和国际汇率风险等；国内因素风险是由国家政策、国内经济、企业内部管理、企业实力和技术进步等因素引起的风险；不可抗力风险是由自然灾害或人为破坏等因素引起的风险。

黄荣文（2002）则从风险来源角度，将贸易风险分为国家风险、市场风险和欺诈风险。其中，国家风险是指由政治因素、社会因素、贸易制度因素、国际性危机因素和反倾销政策等造成的风险；市场风险是指汇率、利率、价格、产量的变动或质量的差异性所引起的风险；欺诈风险是指贸易活动中存在的欺诈行为导致的合同欺诈、运输欺诈和结算欺诈等风险。

#### 1.2.2.2　国际贸易数量风险

国际贸易数量风险是指因进出口量的变动引致的经济损失，以及对国家安全造成的影响，多表现为贸易数量的大幅波动。例如，中国棉花净进口数量的大幅波动就曾造成棉花进口效率的损失（卢锋，2000）。贸易波动与生产波动一样，均是市场经济条件下的普遍现象。Ruschinski（2006）基于1995—2005年国际贸易数据，利用模糊成分模型对波动周期进行了分析。研究表明，国际贸易波动主要以基钦周期和朱格拉周期为主，波动周期为4~5年。张庆君（2007）研究了1978—2005年中国出口贸易量波动情况，结果显示，在此期间中国贸易波动经历了八次短周期和三次中周期，波动时间的长度符合基钦周期和朱格拉周期。就不同商品而言，贸易波动具有不同的特点。郝晓燕等（2018）研究发现，国内开放程度相对较低的小麦和稻谷受经济政策不确定性的影响较小，贸易量波动较为平缓。但是，国内市场开放程度相对较高的玉米和大豆受经济政策不确定性的影响较大，贸易量波动较为明显。刘妍等（2018）和杨钰莹（2020）的研究发现，中国食用菌、乳制品等农产品的出口波动规律性差，贸易量波动扩张性强，外部冲击对其出口贸易量的影响程度较大，且持续时间较长。

引发国际贸易数量风险的成因是国内外研究的热点。早期研究认为，虽然影响贸易数量稳定的因素众多，但国内生产波动是引起上述风险的关键因素。Dong 等（1995）通过分析 1961—1991 年中国粮食进口数据，发现粮食的产需水平是影响粮食贸易数量风险的最主要因素，而粮食进口成本和外汇可获得性也在一定程度上影响了中国粮食进口。随着国际贸易日益频繁和汇率波动加剧，市场等因素的不确定性加剧了贸易数量风险。王晓晔（1998）认为，市场活动的变化，例如汇率、利率、价格、产量的变动或质量的差异性都会给贸易活动带来潜在风险。有研究通过构建蒙代尔—弗莱明模型分析了贸易余额、实际汇率、相对产出等变量对贸易量波动的冲击，研究结果表明，实际汇率、贸易余额以及相对产出等变量是引起贸易量大幅波动的主要影响因素。前人通过建立空间均衡模型对美国和墨西哥大米贸易进行研究，结果表明，加工与运输成本、关税、产量和大米副产品价格都是引起两国大米贸易规模波动的主要原因。此外，众多学者还从进出口贸易的需求弹性视角探究贸易数量波动的成因，并将成因具体划分为价格效应和收入效应。Dayal-Gulati 等（1999）通过构建中国进出口商品的计量模型，引入价格和收入变量，并对其进行了弹性分析，结果发现，价格效应和收入效应均对贸易波动产生影响，但是价格效应所发挥的作用要小于收入效应。也有研究通过实证分析，也发现价格效应是引起某个国家对外贸易波动的主要原因。有研究基于 Tyszynski（1951）提出的市场份额模型，提出了恒定市场份额（Constant Market Share，CMS）模型，并将国际贸易波动的成因具体划分为需求效应、结构效应和竞争效应。还有研究认为，贸易政策的干扰是引起贸易波动的主要原因。Dollar 等（2003）通过对中国反倾销问题的研究，认为中国现行贸易制度不完善是导致中国贸易波动的主要原因之一。

国内文献从供给冲击、需求冲击等非经济因素与贸易竞争力、世界经济周期等经济因素出发，分析了引起贸易数量风险的成因

（李晓峰，2009）。从供给冲击看，农业生产时常遭受气候灾害等不可预期的外部冲击影响而出现减产，有时又因气候适宜而获得丰收，这种不规律的变动是引起贸易数量大幅波动的重要原因（赵红雷，2013；郭建平，2015）。从需求冲击看，周力等（2008）认为，在衰退期和增长期，世界需求的缩减和扩张导致中国葡萄酒进口不稳定。刘炎（2015）基于1980—2013年中国小麦进口数据，研究发现，物价水平等经济因素与宏观经济政策等非经济因素，在不同发展时期对中国小麦进口产生的影响不尽相同。近年来，随着贸易自由化的不断发展，各国为了确保自身贸易、经济的可持续发展而制定了不同的贸易保护政策，贸易政策不确定性加大了贸易风险（郝世杰，2001）。闫逢柱等（2009）认为，中国产业政策和外资政策诱发了中国生产领域的非均衡发展和波动，从而导致中国出口贸易出现波动。耿晔强等（2010）和屈四喜（2011）均认为，关税减让有利于中国农产品贸易形势的改善。张建清等（2010）研究发现，国际金融危机后，中国对美国的出口贸易受到美国财政政策的影响。马建蕾等（2013）对2012年中国大米贸易的分析表明，配额内关税过低会导致国外大米大量进口，引起贸易数量波动，不利于国内生产。尤其在2018年后，随着中美贸易摩擦的不断升级，贸易政策不确定性带来的潜在风险愈加严重。李春顶等（2018）研究发现，美国不断出台的贸易保护政策以及中方的反制措施，将为国际贸易带来巨大不确定性风险。陈明康等（2021）构建了中国水产品出口贸易风险预警指标体系，发现中美贸易摩擦加剧了贸易不确定性风险。高芳（2020）基于出口企业视角，研究发现，中美贸易摩擦致使贸易不确定性大幅增加，并通过影响关税、企业经营成本、配套制造业产业链等对相关出口企业造成冲击。此外，由于发达国家对粮食技术标准的高要求，国外技术性贸易壁垒也会对中国粮食贸易产生重大影响。林玉洁（2012）对绿色壁垒引起的贸易波动进行了实证分析，发现这些措施对相关国家的贸易量产生了巨大的负面影响。还有大量学者研究了贸易边境效应、区域合作、地缘政治等对贸易波动产生的影响（吴秀敏等，2004；李众敏等，2006；李俊茹等，2021）。

#### 1.2.2.3 国际贸易价格风险

价格风险是国际贸易风险的直接表现形式，是指因进口价格突然上涨或下跌给经营主体带来的潜在经济损失（邓光君，2006）。大量文献探究了影响贸易价格风险的因素。一是汇率波动。自1970年世界各国越来越多采用浮动汇率制度以来，汇率波动日益成为贸易风险的重要诱因（Hooper et al.，1978；黄锦明，2010；韩青，2010）。汇率的不确定性将造成贸易价格的波动，甚至可能直接导致贸易中断（Anderson et al.，1989）。研究发现，汇率变动和市场份额变动引起了美国出口贸易的变动，加剧了贸易价格风险。何剑等（2020）认为，汇率变动将引起贸易价格变动，使企业面临经济损失的风险，建议通过购买期货的方式进行价格风险规避。Pick（1990）通过建立汇率风险模型，评估了汇率风险对美国等10个主要农产品出口对象国的影响，结果显示，汇率波动对农产品国际贸易产生了负面影响。二是进口来源分布不合理。诸多学者运用差异化进口分布模型、BEKK-MGARCH模型等定量分析了进口来源对价格风险的影响，研究表明，进口来源分布不合理使一国价格更易面临大幅波动的风险（Wolak et al.，1991；Muhammad，2012；夏佩，2016）。谭城（2005）发现，中国水产品贸易存在较大市场风险，主要表现为产品质量不高、产业布局与出口结构不合理、出口高度集中等。王星星（2020）分析了全球石墨贸易格局，并从供给来源角度对全球天然石墨贸易风险进行了评估。三是贸易政策干扰。陈博文等（2015）将中国推行的"适度进口政策"引入剩余需求弹性模型，研究发现，在特定环境下，重大贸易政策调整会对中国大豆进口价格产生巨大影响。王文亭等（2018）研究发现，对于一个贸易大国，农产品市场中的政策干预会直接造成贸易量的波动。

就出口国而言，其面临的价格风险大小还与自身产品核心竞争力相关（李献刚，2013）。Beccarello（1997）利用 Hall 模型对美国、加拿大、日本、德国、法国、意大利、英国等国家制造业的市场成本加成能力进行了研究，结果表明，当本国制造业的竞争力小于国外相关产业竞争力时，该国企业的成本加成能力较弱，面临较大的贸易价格风险。王雷等（2011）对中国服装产业的出口情况进行了分析，结果表明，中国劳动力优势、成本优势逐渐减弱和过度的低价竞争削弱了当前中国服装产业应对价格风险的能力。刘文俊（2012）利用功效系数法对中国柑橘出口结构风险进行了测算和预测，并分析了柑橘的生产结构、生产成本、贸易壁垒、产品竞争力和产品差异性等因素对柑橘出口结构风险的影响。

就进口国而言，价格风险主要来源于市场势力的缺失。在实际贸易过程中，拥有市场势力就意味着贸易参与国能够通过调整商品贸易量，实现对价格的控制，因此，诸多文献从市场势力视角探究了国际贸易中一国面临的价格风险问题。Song 等（2009）通过构建局部均衡模型分别测算了中国和美国在全球大豆贸易市场中的市场势力情况，发现中国作为大豆主要进口国，相对于作为主要出口国的美国，有更大的市场势力，也即是更具掌控进口价格的能力。司伟等（2013）研究认为，在中国大豆进口市场上，中国和美国均不具有明显的市场势力，不存在因主要出口国操控而引起的中国大豆进口价格大幅上涨的风险。李光泗等（2020）将反映国际大豆市场竞争结构的变量引入 G-K 模型，研究发现，美国具有较强的市场势力，巴西、阿根廷市场份额的增加未能影响美国的话语权，中国大豆进口存在较大的价格风险。

#### 1.2.2.4 国际贸易风险评价

Boyer 等（1996）提出，应从市场的定位、结构、竞争、需求、市场环境和策略6个角度，建立国家贸易安全评价指标体系。唐文华（2010）将风险程度划分为无警—轻警—中警—重警4个级别，并利用KLR分析法对日本果蔬出口贸易风险的相关指标体系进行警度预测，判断中国对日本出口果蔬面临的贸易风险。宋尚文（2017）对山东农产品出口贸易风险进行了研究，首先，运用层次分析法对预警体系中的各指标进行了测评，明确各指标的权重，其次，利用模糊评价法展开量化分析，研究表明，受到贸易壁垒和日本经济回暖的影响，2006年和2010年山东农产品出口处于重警状态。李溪涓（2012）基于BP人工神经网络构建风险预警体系，对中国林产品进出口贸易风险进行了研究。王瑾等（2018）运用模糊评价分析法对中国松香贸易面临的潜在风险及其影响因素进行了评价和分析，研究表明，中国松香贸易处于良好的状态。韩雪等（2018）运用投影寻踪—信息扩散理论模型对中国主要农产品虚拟水贸易的影响因素进行了探究，并设置了风险等级，结果显示，中国面临水危机和粮食危机的概率较大，即中国虚拟水贸易处于高风险状态。

与进口依赖风险相关研究常给出具体的风险等级划分不同（卜伟等，2013；张云华，2018），关于国际贸易风险评价的文献更多是通过分析贸易风险的相对大小，判断其时序特征。在众多国际贸易风险评价方法中，风险指数模型的使用频率较高，其通过纵向比较系统风险指数和特定风险指数的变化情况，进行贸易风险变化趋势的判断（Lesbirel，2004；Wu et al.，2007；张会清，2014）。诸多学者还通过分析市场集中度情况，对贸易风险的时序特征进行了量化分析。陶雅（2017）采用赫芬达尔-赫希曼指数（HHI）和 S-W 指数对中国原木进口的市场集中度进行分析，在此基础上，运用 R 指数对进口原木所处的风险区间进行测算。研究发现，中国原木进口的市场集中度有下降趋势，但是进口风险呈上升趋势。何畅等（2018）也运用 HHI 和 S-W 指数从进口集中度的视角对中国纸浆进口风险进行了评估，认为中国纸浆进口风险主要来自资源风险和贸易风险，资源风险有加大的趋势，而贸易风险则具有明显的不规律波动特征。还有学者比较分析了不同类别贸易风险的大小情况。张瑜（2015）构建贸易风险评价指标体系，运用层次分析法分析了中国与东盟贸易中政治风险、市场风险等风险的相对大小程度。张小琳（2014）将遗传算法和层次分析法相结合，对中国石油进口面临的风险问题进行了分析，研究表明，政治风险是导致中国石油贸易风险的主要根源，其次为油源风险，市场风险和运输风险对中国石油贸易的影响相对较小。

#### 1.2.2.5 贸易风险防范措施

国外研究认为，拓宽贸易渠道是防范贸易风险的重要措施。Wolak 等（1991）指出，避免单一进口来源和实现多元化进口可以降低价格风险，通过优化供给来源可以达到降低潜在风险的目的。也有研究探究了国外对中国贸易存在歧视的原因，建议通过建立行业协会、构建预警机制等措施来防范控制贸易风险。Lesbirel（2004）基于 1970—1990 年日本能源进口数据和进口政策进行了研究，结果表明，能源贸易风险的降低主要得益于日本多元化的能源政策。Vivoda（2009）的研究也证明了多元化政策对降低贸易风险具有重要作用。国内研究多围绕增强中国农产品出口能力，降低贸易风险展开。

国内研究侧重于应对策略的分析，认为引起贸易风险的成因可分为内生因素和外生因素两个方面，应通过提高管理者风险防范意识、构建风险预警机制、实现多元化经营等风险管控措施，并充分利用国际协定对本国贸易活动进行保护（庄鸿棉 等，1994；刘文强 等，2008）。张瑜（2015）探究了中国农产品出口贸易风险，并提出了风险防范措施，在宏观层面，要充分发挥政府和行业协会的作用，加快交通便利化的建设以及提高农产品质量，在微观层面，要加快农产品运输的现代化建设，提高运输技术水平，选择合理的结算方式等。针对贸易摩擦引起的不确定性风险，诸多学者提出了开创国际经济合作新局面、向消费导向型经济转型、推进供给侧结构性改革、强化基础研究、优化贸易空间结构、发展替代贸易等政策建议，从内外两个方面增强中国应对国际贸易风险的能力（邓仲良，2018；杜永红，2019）。

### 1.2.3 关于气候变化对农产品生产和贸易影响研究

农业本身具有脆弱性和敏感性，极易受到气候变化的影响，尤其是近年来气候变化愈发频繁和剧烈，对农业的影响日益增强。极端气候灾害等不确定性因素的冲击会影响粮食供给的稳定性，威胁粮食安全，严重干扰和限制贸易的流动性。目前，国内外学者针对气候对农业影响的研究已有众多成果，主要集中于探讨气候变化对粮食生产的直接影响，以及对粮食贸易的间接影响。

#### 1.2.3.1 气候变化对农业生产的影响

众多研究表明，气候变化对粮食供给的影响是巨大的（Friend et al.，2005；Torriani et al.，2007）。国外相关研究从不同角度对此进行了系统分析，具体可细分为以下四类：一是气候变化对不同地区粮食产量影响异质性研究（Ahmed et al.，2015；Verón et al.，2015）。大量学者采用全球格点作物模型（Global Gridded Crop Model，

GGCM）对不同区域农作物生产进行了模拟，结果表明，气候变化将导致热带地区的大豆和玉米产量下降，但亚洲地区的大豆产量却呈现增加的趋势（Müller et al.，2014；Rosenzweig et al.，2013）。气候变化会使高纬度和中纬度地区的粮食产量明显增加，但非洲和南亚等干旱和亚湿润的低纬度地区或将成为未来受气候影响最严重的地区（Rosenzweig et al.，2001；Olesen et al.，2002；Roudier et al.，2011；Knox et al.，2012）。二是气候变化对整个食物链影响研究。Stewart 等（2015）指出，欧盟大豆严重依赖进口，但是大豆进口来源国极易受到干旱和水资源短缺的影响。由于大豆加工后得到的豆粕是玉米和小麦的饲用替代品，大豆潜在的供给波动将会影响玉米和小麦的需求链和供应链，导致家禽、猪肉等产量出现波动，进而影响全球粮食系统。Mosnier 等（2014）通过研究得出，气候变化会使中国的玉米和北美谷物生产受到严重的负面影响，饲料原料产量下降必然会推动畜产品价格上涨，这将导致 2050 年中国的猪肉价格经历大幅度上涨。三是预测气候变化对未来农业生产影响研究。Zilli 等（2020）系统地评估了气候变化对巴西主要农产品影响，结果显示，在气候不断变化的情景下，2050 年巴西大豆产量将减少 65.7%；气候对玉米产量的影响更为剧烈，减产幅度将达到 84.9%。全球气候变暖将导致巴西玉米和大豆的生产布局发生转移，畜牧生产和牧场将随之由亚马孙河流域向东南方向转移。

近年来，国内很多学者将气候预测与粮食供需市场模型的构建相结合，在此基础上评估气候变化对粮食生产的影响，并且这一跨学科研究逐渐成为当前学术界最为活跃的方向之一（何建坤 等，2006；吴楠，2018）。俞书傲（2019）采用空间计量模型测算了气候变化对 1996—2015 年浙江水稻、小麦、玉米、大麦、大豆等

8种农作物单产的影响，研究表明，极端气候会引起以上农作物减产。彭俊杰（2017）采用综合评估模型对气候变化与全球粮食产量之间的关系进行了探究，研究表明，气候变化显著影响了玉米、水稻、小麦等粮食作物的产量。还有学者进一步研究了气候变化对中国不同地区粮食生产造成的影响。周曙东等（2013）利用"经济—气候模型"对气候变化与南方水稻产量之间的关系进行了实证分析，研究发现，气候变化对不同区域水稻产量的影响存在差异性。黄维等（2010）利用面板数据随机效应模型对中国县域气候变化与粮食生产之间的关系进行了研究，得出了相似结论，即温度和降水的变化对不同区域的粮食产量产生了不同的影响。周文魁（2012）从温度、降水和自然灾害3个方面概述了全国各地区气候变化情况，在此基础上分别探讨了气候变化对中国粮食生产的有利影响和不利影响。尹朝静等（2016）基于永续盘存法考察了1986—2012年气候等因素对中国各省份全要素生产率的影响，研究结果表明，气温升高对中国华东地区和西南地区农业生产要素增长率的提高带来了不利影响。

#### 1.2.3.2 气候变化对农产品国际贸易的影响

随着极端天气事件发生频率的加快和强度不断加剧，气候变化对全球农业贸易系统的影响也越来越受到人们的关注（Hanks et al., 2014）。Gassebner等（2006）运用引力模型研究了1962—2004年170多个国家面临重大自然灾害时的国际贸易情况，研究结果表明，在面临自然灾害时一个国家的市场规模和民主程度决定了其贸易流量的大小。Ozkan-Gunay等（2011）认为，影响农产品贸易的因素主要包括传统因素、农产品生产能力和气候变化因素，通过实证分析1990—2008年土耳其及15个竞争国家在欧洲的贸易数据，发现气候变化所带来的影响越来越剧烈。Bras等（2019）研究了极端气候条件下欧盟 28 国主要作物的进口变动，研究结果显示，气候变化对欧盟可可和大豆进口份额的加权影响分别为 -7% 和 -9%。值得注意的是，虽然气候变化会给农产品贸易带来较大的负面影响，但是通过国际贸易也可以减少气候冲击对区域粮食市场的影响（Godfray et al.，2018）。

国内学者针对气候变化对农产品国际贸易的影响也进行了丰富的研究。朱立志等（2008）认为，气候变暖对贸易的影响与区域相关，即气候变暖有利于高纬度地区的贸易，但是却会损害低纬度地区的贸易。邓晓梅（2010）指出，气候变暖会给中国农产品贸易带来潜在风险。任晓娜（2012）采用 GTAP 模型，设置了不同的气候变化情景来模拟评价其对粮食贸易政策的影响。熊灵等（2012）认为，发达国家为应对全球气候变化所设置的关税、非关税壁垒对中国国际贸易产生了不利影响。马雪剑（2018）通过构建"气候—贸易模型"分析了美国碳排放政策对中国玉米贸易的影响，结果表明，美国碳排放政策对中国玉米进口量产生负向影响。吕飞（2020）概述了全球气候变化及中国农产品出口特征，阐释了气候变化影响农产品贸易的机制，然后在此基础上实证分析了全球气候变化对中国农产品贸易影响。

### 1.2.3.3 气候变化影响农业的应对措施

2019 年联合国政府间气候变化专门委员会发布了《气候变化与土地特别报告》，从供给侧和需求侧提出了缓解气候变化对粮食生产影响的措施，指出发展中国家应当重视提高适应气候变化的能力。诸多学者认为，提升这种适应能力的重要途径就是促进农业生产力的快速发展。生产力的发展可以通过培育农作物新品种、完善灌溉设施等方式实现，但这一过程需要较长的时间和大量的投资（Lobell et al.，2011；Margulis et al.，2011；Lapola et al.，2014）。Puma 等

（2015）则认为，探索饮食多样化来减轻对主粮的依赖，对于应对气候变化的影响至关重要。在国内，郑晓博等（2010）从征收碳关税的角度探讨了如何应对气候变暖的影响。彭斯震等（2015）指出，由于应对气候变化的适应性措施具有公共物品属性，因此，需要建立政府、企业和民间组织等主体之间的合作伙伴关系，将社会公共利益最大化。钱凤魁等（2014）提出，通过调整和改进农作物种植结构和布局、选育抗高温优良农作物品种等举措来应对气候变化对农业产生的不利影响。

### 1.2.4 文献评述

国内外学者围绕国际贸易过程中可能存在的价格风险和数量风险开展了深入研究，从贸易市场结构、汇率变动、贸易政策、气候变化等方面较为全面地分析了引发这些贸易风险的原因，并提出了诸多规避国际贸易风险的途径；还有很多研究从不同角度分析了气候变化和自然灾害对农产品生产和贸易的影响。这些研究为本研究提供了重要参考，但仍存在进一步完善与拓展的空间。一是现有研究较少基于更好利用国际大麦市场的视角展开。目前，针对大麦国际贸易的研究多围绕大麦进口冲击国内大麦产业的视角展开，着重探究了在此过程中进口对中国大麦产业造成的损失以及国内大麦产业的应对策略，关于如何更好利用国际大麦市场的研究还较为鲜见。无论从政策偏好，还是从现实需要来看，如何实现对国际大麦市场的更好利用是当前值得研究的重要问题。二是对中国大麦进口风险缺乏系统研究。现有文献仅对中国大麦进口的依赖风险、"大国效应"等方面进行了测算和评价，在一定程度上揭示了中国大麦进口面临的风险，但相关研究还缺乏系统性，难以全面科学地评价和分析中国大麦进口面临的潜在风险。三是分析贸易摩擦和气候灾害对中国大麦进口影响的研究还较少。贸易摩擦和气候灾害是影响农产品贸易的重要因素,但二者对中国大麦进口的影响还缺少关注。一方面,当前关于中国大麦进口的研究还较少关注中国对澳大利亚进口大麦实施"双反"措施后的变化;另一方面,针对中国大麦进口来源国发生极端自然灾害对中国大麦进口的影响还少有定量测算。为此,本研究基于中国大麦进口宏观数据,梳理国内外大麦供需现状,全面评价中国大麦进口面临的价格风险和数量风险并分析其成因,模拟分析贸易摩擦和气候灾害冲击下的中国大麦进口风险情况,以期为更好地统筹利用好国内国际两个市场、两种资源,满足国内日益增长的大麦消费需求提供决策参考。

## 1.3 研究内容

第一部分为国内外大麦生产及贸易情况分析,包括本研究的第3章。首先,分析全球大麦生产、贸易情况,阐明全球大麦单产、收获面积变动以及贸易格局演变情况;其次,从中国大麦供需视角入手,全面梳理中国大麦产量、种植空间分布、消费需求变化等方面情况,进一步分析中国大麦进口数量、来源和价格等方面特征。

第二部分为中国大麦进口风险评价与成因分析,包括本研究的第4章和第5章。第4章分析中国大麦进口价格风险及成因。首先,梳理中国大麦进口数量和价格的月度变化情况,通过测算进口量变动引起的进口价格变动幅度,评价价格风险情况;其次,基于市场势力视角,运用 G-K 模型,从理论和实证两方面分析引起中国大麦进口价格风险的成因。第5章分析中国大麦进口数量风险及成因。首先,构建大麦进口数量风险指标,运用 Hodrick-Prescott(HP)滤波法将实际进口量分解为长期趋势值和波动项,并结合数量风险指标判断中国大麦进口数量风险情况;其次,运用CMS模型,探究引起中国大麦进口数量风险的成因。

第三部分为外部冲击下中国大麦进口风险模拟,包括本研究的第6章和第7章。第6章模拟进口关税政策调整下中国大麦进口风险。基于中国农业科学院农业经济与发展研究所研发的中国农业产业模型(China Agricultural Industry Model,CASM),构建中国大麦进口局部均衡模型,通过设定中国分别对原产于澳大利亚的进口大麦征收30%、80.50%、130%的大麦进口关税,模拟关税政策调整时中国大麦进口的数量、价格、来源等的变化情况,量化分析中国大麦进口风险。第7章模拟极端自然灾害影响下中国大麦进口风险。首先,采用叠加时代分析法(Superimposed Epoch Analysis,SEA),测算干旱和洪水两种极端自然灾害对加拿大和法国等中国大麦主要进口来源国大麦生产的影响;其次,将上述变化带入中国大麦进口局部均衡模型中,模拟极端自然灾害冲击下中国大麦进口的数量、价格、来源等的变化情况,量化分析中国大麦进口风险。

第四部分为中国大麦进口风险应对策略分析,包括本研究的第8章。首先,分析发展国内大麦产业和拓宽大麦进口来源的可行性;其次,利用中国大麦进口局部均衡模型,模拟分析发展国内大麦产业和拓宽大麦进口来源的作用效果,探究中国大麦进口风险的管控策略。

第五部分为研究结论与政策建议,包括本研究的第9章。梳理和总结本研究得到的主要研究结论,然后提出应对中国大麦进口风险的政策建议。

## 1.4 研究方法与技术路线图

### 1.4.1 研究方法

#### 1.4.1.1 统计分析法

一是采用描述性统计分析法，分析国内外大麦产业的供求、贸易现状，厘清国内外大麦产业基本情况。二是对比分析进口量与进口价格变动的一致性，测算进口效率，评价中国大麦进口价格风险。三是运用 HP 滤波法、CMS 模型等方法分析评价中国大麦进口数量风险。四是运用 SEA，分析洪水和干旱两种极端自然灾害对澳大利亚、加拿大和法国大麦的产量、单产和收获面积的影响。

#### 1.4.1.2 实证分析法

一是运用 G-K 模型，定量分析中国自澳大利亚、加拿大和法国进口大麦价格变动的影响因素，探究中国大麦进口价格风险的影响因素。二是运用局部均衡模型，模拟分析关税政策调整和极端自然灾害下中国大麦进口变动情况，量化分析进口潜在风险。三是运用局部均衡模型，模拟中国大麦进口风险应对策略的效果。

## 1.4.2 技术路线图（图1-1）

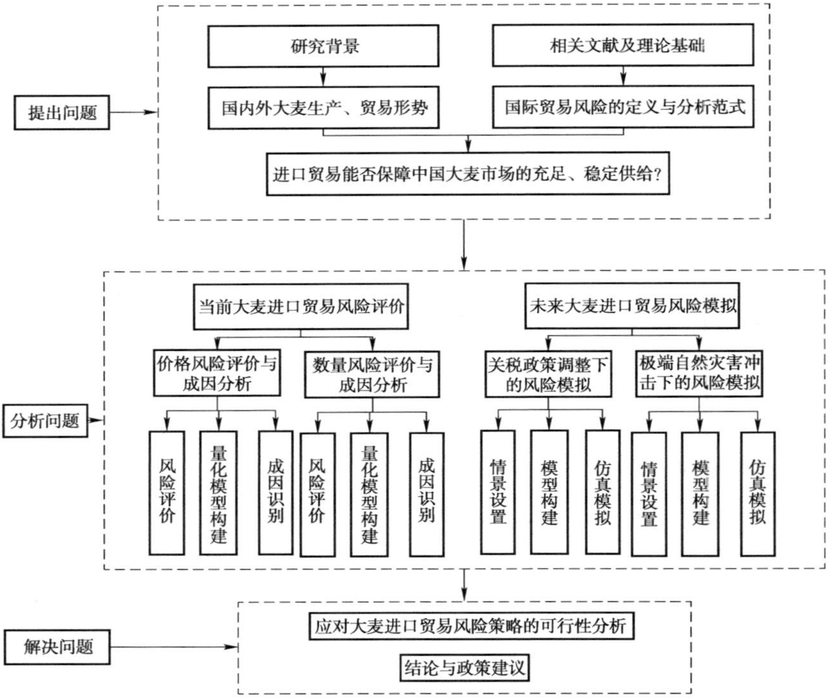

图 1-1 技术路线

# 2 概念界定及理论基础

## 2.1 基本概念界定

### 2.1.1 大麦

大麦是世界第四大禾谷类作物（徐明，2013）。根据大麦籽粒是否有稃，可分为皮大麦和裸大麦（张融，2015）。皮大麦即为一般所说的大麦，具体又分为啤酒大麦和饲料大麦。啤酒大麦是酿造啤酒的重要原料；饲料大麦是优质饲料粮，与玉米等其他饲料粮相比，其蛋白质和粗纤维含量较高，但热量较低，按照合理比例在饲料中添加后，有利于提高畜禽的瘦肉品质，提高饲料转化率（张琳，2014）。裸大麦是指青稞，目前是中国青藏高原地区藏族群众的主要口粮和当地酿造青稞白酒的主要原料。近年来，随着人们对健康生活的追求，大麦的营养保健功能逐步得到重视和开发，大麦中含有较高的β-葡萄糖等有益成分，在调节人体血糖、降低胆固醇、提高免疫力等方面具有显著的功效（张国平 等，2002）。

大麦具有较强的适应性，表现为突出的抗贫瘠性、抗逆性和耐旱性（岳子惠，2014），因此，在全球范围内，大麦广泛种植在欧洲、亚洲、大洋洲、北美洲等地区，澳大利亚、加拿大、法国、德国、乌克兰、俄罗斯、哈萨克斯坦等是大麦主要种植和出口国家。大麦在中国的种植范围非常广，种植地域跨度也很大（龚谨，2020）；其中，啤酒大麦种植地区主要位于江苏、云南、甘肃、内蒙古、四川、新疆、湖北、黑龙江、上海等省（区、市），饲料大麦种植地区主要位于云南、湖北、四川、江苏、河南、安徽、浙江等省，青稞种植地区主要位于西藏、青海、四川、甘肃、云南等省（区）。

## 2.1.2 国际贸易风险

奈特在其著作《风险、不确定性和利润》一书中认为风险是客观存在的、可预测的且具有不确定性的特征，风险可能导致现实结果低于预期收益，或高于预期损失。目前，风险具体分为以下两类。一是广义的风险，从风险产生的角度进行定义，认为风险的发生存在不确定性。二是狭义的风险，从风险导致的后果进行定义，它强调的是风险所造成的损失具有不确定性。因素、事件和损失是风险的3种基本构成要素，且各要素之间的关系环环相扣。所谓的风险因素，是指引致风险损失的潜在因素。所谓风险事件是指某些偶发性事件对主体造成的各种损失。风险损失是指风险事件导致计划以外的损失产生，例如财产和收入等。风险具有3个主要明显特征：一是风险具有客观性。一方面，风险不以人的主观意识为转移；另一方面，风险存在于社会经济活动的各个领域，风险无法被消除，只能采取各种措施预防风险的发生，通过实施风险管理和控制，尽量规避风险。二是风险的不确定性。主要表现在风险发生的概率、发生的时间以及发生结果都难以准确地预测和确定。风险的发生具备复杂的概率分布特征，人们预测风险存在较大的难度。三是风险的扩散性。从时间上来说，风险产生的影响可持续数月甚至数年，如果没有及时采取有效的应对措施，短期、小范围的风险可能会通过风险的扩散效应引发范围更广、强度更大、时间更长的风险；从空间上来看，风险的发生并不会局限于某个领域或某个产业，风险会由个别国家扩散到其他国家甚至全球，由某个产业波及其他的产业。目前，学界一般将国际贸易风险定义为"贸易活动过程中由于某些不可预见的因素，导致国际贸易参与者得到的实际收益与预期收益相比较低，或者承担的实际成本与预期成本相比更高,从而可能导致损失的产生"。

### 2.1.3 风险管理

风险管理指对风险的规律进行研究和防控的过程。它通过风险分析、风险评估以及风险评价掌握风险发生的规律,并基于科学理论和方法,运用各种风险管理技术对风险实施有效的防控,以降低或弥补风险所导致的各种损失。首先,通过相关的数据资料,采用一定的危险识别技术对可能存在的风险进行初步的识别。其次,评估风险发生的可能性、发生频率,以及评价风险可能带来的潜在损失,从而对风险的等级或层次进行确定。最后根据评价结果为决策者提供制定风险防控措施的依据。

### 2.1.4 贸易救济措施

贸易救济措施作为维护国家经济利益的一种贸易保护形式,是指在国际贸易过程中,当进口产品对进口国国内产业造成损害时,进口国所采取的消除损害的措施。具体包括以下 3 种措施。一是反补贴措施。若某出口国政府为提高本国出口商的国际竞争力,对出口商品进行补贴,而这种补贴行为使得进口国国内的相关产业面临威胁或已经造成了实质性的损害。那么进口国可以采取反补贴措施对国内产业进行保护,具体包括征收反补贴税、出口企业保证、出口国担保等。二是反倾销措施。反倾销措施是指一国在认定某进口产品存在倾销行为时采取的限制进口的措施,具体包括临时反倾销措施、价格承诺以及最终反倾销措施三类。其中,临时反倾销措施是指进口国的反倾销当局对被调查产品进行反倾销调查后,初步认定被调查产品存在倾销行为,并且被调查产品的倾销行为损害了进口国的相关产业，进口国由此对被调查产品征收临时反倾销税、现金保证金等临时限制进口的措施；价格承诺是指被调查产品的出口商或生产商对进口国的反倾销当局作出提高产品价格或停止以倾销价格出口被调查产品的承诺。为反倾销当局所接受后，暂停或中止调查。所谓最终反倾销措施，就是征收反倾销税，或最低限价。三是保障措施。这种措施的实施通常表现为限制被调查产品部分进口或全部进口，具体措施如特殊征税、限制数量或关税配额等。

## 2.2 理论基础

### 2.2.1 农产品贸易理论

#### 2.2.1.1 绝对优势理论

该理论以劳动价值理论为基础，指劳动生产率可以通过分工实现，从而增加一国的财富。由于各国在生产某种产品上耗费的绝对劳动成本和劳动生产率不同，当一个国家对某种产品的生产具有绝对成本优势时，应增加这种产品的生产和出口；反之，当生产某种产品处于绝对成本劣势时，应减少这种产品的生产并增加进口，从而使参与贸易的国家实现效用最大化，进而增进国家福利。绝对优势理论的提出奠定了国际贸易理论发展的基础。但是，绝对优势理论存在以下两个方面的不足。一方面，它忽略了工资率对生产成本的影响。当一国的工资率较高时，会增加劳动生产成本，使该国的成本优势变为劣势。另一方面，虽然绝对优势理论表现的是国家之间互利共赢的贸易思想，但是，拥有绝对优势并不一定在国际贸易中获利。因为，国际贸易除受到一国生产成本的影响外，还受到货币、贸易政策等其他因素的影响。此外，该理论仅适用于贸易中的特殊情况，对于普遍存在的一般情况无法给予合理解释，例如，当一国的生产成本均高于或低于其他国家时，生产该如何进行分工。

#### 2.2.1.2　比较优势理论

比较优势理论最早由多伦斯提出，李嘉图在其出版的《政治经济及赋税原理》中对其进行了系统的阐述和发展（盛国勇，2017）。比较优势理论为古典贸易理论和新古典贸易理论的发展奠定了基础，并为国际贸易和生产力的发展提供了可能性和推动力。

比较优势理论主要阐述了国家之间贸易产生的原因，以及各国之间进行贸易的方式。由于各国在劳动生产率和生产要素禀赋方面存在差异性，导致各国产品生产的相对成本、价格存在明显的不同。因此，比较优势理论主张各国应该依据本国资源的差异，对具有比较优势的产品增加生产和出口，对具有比较劣势的产品减少生产并增加进口，从而使国家的资源和劳动得到合理的分配。比较优势理论经历了3次发展演变。最初，比较优势理论是对完全竞争市场的静态分析。然后，进一步发展为对不完全竞争市场的静态分析。最后，演变为对不完全竞争市场的动态分析。比较优势理论的发展演变过程成为国际贸易发展的基础和核心。在当前环境下，传统静态的比较优势理论对国际贸易格局的解释极为有限，且存在一定的缺陷。静态比较优势理论没有考虑时间和技术进步等变量。此外，在静态比较优势理论下，各国在全球价值链中的地位也将呈现出一成不变的状态。基于此，大量学者开始从一国要素丰裕程度、企业异质性、福利效应以及制度结构等角度对动态比较优势进行了大量的研究。

#### 2.2.1.3　新古典国际贸易理论

赫克歇尔在其著作《对外贸易对收入分配的影响》中提出了要素禀赋理论，20世纪30年代他的学生俄林对该理论进行了更深入的解释和发展（林丽华，2012）。他们认为各国所拥有的要素禀赋存在明显差异是国际贸易发生的根源，也是导致国际分工和国际贸易结构形成的关键。具体而言，当一个国家的某种生产要素较为稀缺时，投入该生产要素的产品的生产成本相对较高，则在生产这种产品上具有劣势地位。反之，当一个国家的某种生产要素较为丰裕时，投入该生产要素的产品的生产成本相对较低，则在生产这种产品上具有优势地位。即各个国家所占有的各生产要素的比例和结构不同，导致生产成本存在差异。它阐述了生产成本存在差异的根本原因，为后续国际贸易分析提供了理论来源，使比较优势理论在应用于解释国际贸易问题上更具普遍性。

#### 2.2.1.4 战略贸易理论

20 世纪 80 年代初，赫尔普曼与克鲁格曼在合著的《市场结构与对外贸易》中提出了战略贸易理论。他们认为在不完全竞争的市场中，企业依靠自身积累来扩大规模以获取规模收益是十分困难的，因此需要政府采取一定的保护和扶持措施加以干预。由此可见，该理论建立在垄断竞争的理论基础上，其核心是在不完全竞争市场和规模经济的前提下，国家采取关税、补贴政策等多种贸易保护措施来扶持国内战略性产业，使其更具有贸易竞争力和贸易优势，将国外不完全竞争厂商或垄断厂商的超额利润转移至本国市场，从而提高本国经济福利。其本质是国家利用干预手段改变国际贸易的博弈规则为本国赚取超额利润。虽然战略贸易理论存在明显的缺陷，但是该理论对传统的贸易理论进行了必要的补充和发展，创造性地解决了传统贸易理论无法解释的问题，使贸易理论更加贴近现实。它所表明的政府对贸易适当干预的合理性和必要性，强化了国家干预贸易的理论依据，为国家制定贸易政策提供了理论基础。

上述理论为本研究提供了重要的理论支撑。既讲明了国际贸易的重要性，同时也强调了政府干预的合理性和必要性，是本研究的逻辑起点。对于如何更好利用国际市场，保障国内大麦充足、稳定供给具有极其重要的指导意义。

### 2.2.2 风险理论

#### 2.2.2.1 多米诺骨牌理论

海因里希将意外伤害分为社会环境、人的过错、不安全行为、意外事故及损失5个阶段，认为这5个阶段是连续且缺一不可的，是构成损失的全部过程（杨绍远 等，2024）。该理论认为在这5个阶段中，只要可以消除中间任何一个阶段，便可避免意外伤害的发生。其中，最容易避免损失的步骤是对"不安全行为"这一阶段进行消除。多米诺骨牌理论认为，事件的损失是由风险事件引致，风险事件是由风险因素引起，而人的错误行为是关键因素。由此可见，该理论强调人的错误行为是引发风险的重要原因。因此，试图降低或避免损失可通过增强安全防范意识、加强相关安全制度建设以及杜绝危险行为等措施。多米诺骨牌理论对国际贸易风险管理具有重要意义，目前该理论以其严谨的逻辑、完善的数学理论结构和成熟的量化方法被广泛应用于金融、保险、证券等行业。

#### 2.2.2.2 能量释放理论

能量释放理论的核心是对风险进行防范及控制。首先，该理论分析风险事件发生前后以及发生时的环境情况，评价风险因素（能量源）引致风险事件发生时状态的变化程度；其次，建立矩阵，将风险结果与风险因素（能量源）的关系一一对应；最后，根据建立的矩阵，提出防范风险、控制风险因素（能量源）的对策（黄浪 等，2016）。能量释放理论与海因里希的多米诺骨牌理论都认为事件的损失是由风险事件引致，风险事件是由风险因素引起的。但该理论与多米诺骨牌理论的差异是,能量释放理论认为引致损失的主要原因是物理因素,当某事物承受超过其容纳能力时,便会引发风险。能量释放理论在众多领域进行系统化的灾害监测、防范和控制,并在制定相应对策方面得到广泛的应用,例如医学、社会学,以及社会文化领域。

#### 2.2.2.3　不确定理论

该理论的代表学者哈迪认为风险包括费用的不确定性,以及损失(或与损失相关)的不确定性。而这种不确定性的程度可以运用概率进行描述。哈迪认为当概率处于(0,0.5)的区间内时,不确定性与概率成正比,即概率增加时,不确定性会随之增加;当概率位于(0.5,1)的区间内时,不确定性与概率之间的关系成反比,即概率增加时,不确定性反而会减少。当概率等于0或1时,事件由不确定性转为确定(李碧珍 等,2024)。

贸易摩擦、局部冲突、极端自然灾害是引起大麦供给变动,威胁大麦产业安全的主要风险因素。本研究聚焦中国大麦进口,从进口价格风险和进口数量风险两个角度评价当前中国大麦贸易面临的风险;基于中澳贸易摩擦引致的关税政策调整、极端自然灾害两种外部冲击,模拟未来中国大麦进口可能面临的潜在风险。最后基于风险理论提出规避风险,保障国内大麦稳定供给的政策建议。

### 2.2.3　需求弹性理论

所谓弹性是指当自变量发生一定的变化时,因变量根据自变量的变动所做出的反应程度。在经过众多经济学家对"弹性"进行不断地丰富和完善后,其在经济学领域得到了广泛的应用。弹性主要包括两个方面,即需求弹性和供给弹性。其中,需求弹性理论的含义是当需求量发生一定的变化时,影响需求量的因素会如何发生变化。需求弹性具体包括以下3种弹性。

（1）需求价格弹性用来反映当某商品价格变动时，该商品需求量的变动情况。按照需求价格弹性系数的大小不同，商品分为富有弹性、缺乏弹性和单位弹性。所谓富有弹性的商品，即某种商品的需求对价格是富有弹性的，此时需求价格弹性的绝对值＞1。缺乏弹性的商品，即某种商品的需求对价格是缺乏弹性的，此时需求价格弹性的绝对值＜1。所谓单位弹性，即某种商品的需求对价格是具有单位弹性的，此时需求价格弹性的绝对值=1。商品的需求价格弹性之所以存在差异，主要来自以下因素的影响：一是商品是否具有可替代性。商品的需求价格弹性与其替代性成正比，商品的可替代性越强，即拥有的替代品越多，则商品的需求价格弹性越大；反之，当某种商品的可替代品较少时，则商品的需求价格弹性越小。二是商品用途的广泛性。当某种商品的用途较为广泛时，该商品的需求价格弹性越大，当该商品价格上升时，消费者会减少购买数量；反之，当某种商品的用途较少时，则该商品的需求价格弹性越小。三是商品的重要程度。商品的需求价格弹性与商品重要程度成反比，当某种商品对于消费者的生活较为重要时，那么这种商品的需求价格弹性就越小，反之，则越大。四是某种商品的消费在消费者总支出中所占比例。两者之间的关系成正比，即当某种商品在消费支出中所占的比重越大，该商品的需求价格弹性越大，反之，则越小。五是消费者调节需求量所花费的时间，该影响因素与商品需求价格成正比。当某种商品占用消费者调节需求的时间越长，则该商品的需求价格弹性越大。这说明，该种商品的替代性较小，当价格上升时，消费者需要花费大量的时间寻找替代品。反之，当某种商品占用消费者调节需求所需时间较短时，则该商品的需求价格弹性越小。

（2）需求交叉价格弹性是指当一种商品的价格变化时，所引起的另一种商品需求量的变化。当某种商品对于另一种商品价格的需求弹性为正时，则两种商品互为替代品的关系；当某种商品对于另一种商品价格的需求弹性为负时，则两种商品为互补品的关系；当两种商品之间没有任何相关关系时，则说明一种商品的价格不会对另一种商品价格产生影响，此时需求交叉价格弹性是零。

（3）需求收入弹性是指消费者收入变动时，某种商品需求量如何变动。依据商品需求收入弹性的大小，可以将商品分为以下两类。一是正常品，其需求收入弹性通常>0；二是劣等品，其需求收入弹性通常<0。此外，根据需求收入弹性系数的大小，可将正常品进一步细分为奢侈品和必需品。奢侈品的需求收入弹性>1，必需品的需求收入弹性介于0~1。

本研究将在第4章以需求弹性理论为基础，运用G-K模型实证分析了中国大麦进口中各主要进口来源国的市场势力，探究中国主要大麦进口来源国是否能够通过控制大麦进口量来影响中国大麦的进口价格，从而判断中国大麦进口面临的价格风险。

### 2.2.4 经济波动理论

朱格拉首次对经济波动进行了探究，目前对经济波动现象的研究主要围绕探讨经济波动的形成机制及规律（胡红安，2007）。针对经济波动的不同研究，形成了多种理论派别，尚且存在较多争议。但是经济学家普遍认为经济波动是指在不确定性因素的影响和冲击下，经济活动偏离原有的状态。英国经济学家培高指出，经济波动主要受到两种因素的影响，即外部冲击和内部结构。

#### 2.2.4.1 内生经济波动理论

内生经济理论主要通过经济系统内部之间存在的矛盾对经济波

动的现象进行解释和研究。1939 年萨缪尔森建立乘数－加速数模型以阐述经济波动，他指出产出的增长带动投资的增长，规模化的投资又对产出的快速增长起到促进作用，直至所有潜在的经济能力耗尽，最后达到经济发展的巅峰（Samuelson，1939）。但是，此时增长率的速度开始减缓，较为缓慢的增长引起投资的减少，使经济逐渐衰退。西斯蒙第等提出的消费不足论也是具有代表性的内生经济理论。该理论认为当社会中出现消费需求低于消费生产时，会出现经济供过于求的现象，进而导致经济萧条。以美国米契尔为代表的成本－价格理论认为人们对利润的预期是导致经济波动的根源。英国经济学家霍特里提出了纯货币理论，他认为货币及信贷政策的变动会对货币的流通产生影响，正是货币所具有的流动性导致了经济波动。在此基础上，哈耶克、罗宾斯等经济学家提出了货币投资过度论，他们认为经济波动并不只是货币流动导致的结果，而是生产结构纵向失衡与货币流通共同作用的结果。而斯皮托夫和卡塞尔等人提出了非货币投资过度理论，该理论认为经济波动是资本生产过度导致的生产结构失衡的状态，投资者的盲目投资，造成消费品生产严重不足，从而引起经济波动。

#### 2.2.4.2 外生经济波动理论

外生经济波动理论主要强调了外部因素的冲击，使经济活动偏离均衡中心。外部因素主要包括战争、气候灾害等不可抗因素，以及技术创新、政策和新资源的发现、需求偏好等。太阳黑子理论是外生经济波动理论的经典，该理论认为太阳黑子的活动与农业生产的波动具有密切相关关系，因为二者波动具有一定的周期性。当太阳黑子出现时，会导致农业生产减产，进而引发其他行业的经济活动减少，出现经济衰退；当太阳黑子消失时，农业生产恢复正常，进而刺激工、商等行业的投资活动，从而经济恢复繁荣。因此，杰文斯认为太阳黑子是引起经济波动的根源。此外,熊彼特提出的创新经济周期理论作为重要的外生经济理论,认为通过创新可以打破原有的均衡状态,从而建立新的均衡,这种由旧均衡向新均衡的过渡会引起经济波动。20世纪80年代出现的真实经济周期理论对经济波动产生的成因进行了较为全面、系统的解释。该理论认为外生因素,如气候变化、人口增长、消费偏好以及技术创新等因素是引发经济波动的动力和源泉,它们对经济活动形成冲击,改变了原有生产函数的形态,并打破了原有经济的相对平衡。

本研究在第5章基于经济波动理论,首先利用HP滤波法求解中国大麦进口长期趋势值,分析其与实际进口量的关系,最终判断中国大麦进口数量风险。然后分别从内因、外因两个方面对引发中国大麦进口数量风险的因素进行分析。

## 2.2.5 局部均衡理论

20世纪初,局部均衡理论由经济学家马歇尔提出,局部均衡理论不同于一般均衡理论,它注重探讨单一经济单位的行为,而并不考虑与其他经济单位之间存在的关系和影响;即局部均衡理论通常设定其他的市场条件不变,以避免经济整体中其他因素对研究对象的影响。当研究对象处于市场出清状态,即达到供给量与需求量相等的均衡状态,此时便得到均衡价格。假定其他条件不变,当外生变量引起供给变动,此时,均衡价格、均衡数量会因供给的变动分别发生反方向变动和同方向变动。当外生变量引起需求变动,此时均衡价格、均衡数量会随之发生同方向的变动。

以提高大麦进口关税为例。将初始状态设置如下:大麦供给量为$S_b$,需求量为$D_b$,价格为$P_b$,假定供给量与需求量为价格的函数,即:

$$S_b = S_b(P_b) \qquad (2\text{-}1)$$

$$D_b = D_b(P_b) \qquad (2\text{-}2)$$

市场出清时有：

$$S_b(P_b) = D_b(P_b) \qquad (2\text{-}3)$$

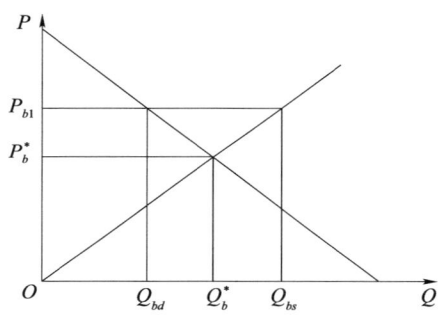

图 2-1　局部均衡模型示意

市场均衡时的价格、供给量和需求量分别为 $P_b^*$、$S_b^*$、$D_b^*$，且此时有 $S_b^* = D_b^* = Q_b^*$，假设，中国上调大麦进口关税，国内价格由 $P_b^*$ 上升至 $P_{b1}$，供给量由 $S_b^*$ 上升至 $Q_{bs}$，需求量由 $D_b^*$ 下降至 $Q_{bd}$（图 2-1）。

本研究在第 6 章、第 7 章基于局部均衡理论构建中国大麦进口局部均衡模型，分别模拟了中澳贸易摩擦引致关税政策调整、主产国发生极端自然灾害等外部冲击对中国大麦进口、国内大麦市场的影响，以此探究未来中国大麦进口可能面临的风险。在第 8 章运用局部均衡模型模拟中国大麦进口风险应对策略的效果。

# 3 国内外大麦生产及贸易情况分析

首先，本章对全球大麦生产、贸易情况进行分析，重点梳理了全球大麦单产、收获面积、产量变动以及贸易格局的演变情况。其次，从中国大麦供需视角入手，分析中国大麦生产变化及空间分布、消费需求变化以及价格变动等情况，并着重梳理中国大麦进口格局、进口来源以及进口价格变动等方面。

## 3.1 全球大麦生产及贸易情况

### 3.1.1 全球大麦生产情况

#### 3.1.1.1 全球大麦收获面积、单产和产量情况

从全球大麦收获面积看，总体上呈现先增加后减少的变动趋势（图3-1）。根据收获面积变化情况，可将1961—2020年全球大麦收获面积的变动过程大致划分为以下3个阶段：第一阶段为1961—1979年，全球大麦收获面积呈现逐年增加的趋势。1961年全球大麦收获面积为5 451.86万 hm$^2$，1979年增加到8 369.30万 hm$^2$且达到历史峰值，与1961年相比，增加了53.51%。第二阶段为1980—2010年，全球大麦收获面积呈现波动减少的趋势。2010年全球大麦收获面积减少到4 758.53万 hm$^2$，是近年来最少的年份，比1979年减少了43.14%。第三阶段为2011—2020年，全球大麦收获面积呈现小幅度的恢复性增加。2020年全球大麦收获面积达到5 160.18万 hm$^2$，比2010年增加了8.44%。

从全球大麦单产看，科技的发展与进步促进了全球大麦单产的不断提高（图3-2）。1961年全球大麦单产为1 328 kg/hm$^2$，2020年达到了3 043.20 kg/hm$^2$，是1961年的2.29倍。2020年，在全球大麦主要生产国家中，德国、法国的单产最高，分别达到了6 334 kg/hm$^2$、

5 029 kg/hm², 分别是全球平均水平的 2.08 倍、1.65 倍。但是，澳大利亚、俄罗斯作为大麦主产国，其单产远低于世界平均水平，分别为 2 009 kg/hm²、1 046 kg/hm²。

图 3-1　1961—2020 年全球大麦收获面积变化趋势

数据来源：FAOSTAT。

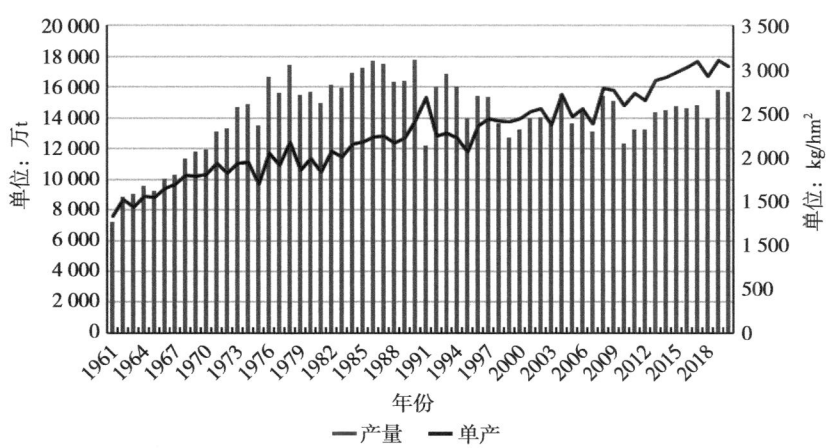

图 3-2　1961—2020 年全球大麦产量和单产变化趋势

数据来源：FAOSTAT。

从全球大麦产量看,由于大麦单产水平不断提高,全球大麦产量总体呈增长的趋势(图3-2)。1961—1990年,全球大麦产量呈现波动上升的趋势,1990年达到17 807.18万t,为近60年以来的最高,是1961年的2.46倍。1991—2010年,全球大麦产量断崖式下降,2010年为12 346.52万t,与1990年历史峰值相比,减少了30.66%。2011—2020年,全球大麦产量开始小幅度地增加,2020年达到了15 703.08万t,与2010年相比增加了27.19%。

#### 3.1.1.2 全球大麦生产分布情况

大麦的种植分布较为广泛,从欧洲的潮湿地区到南美洲、非洲和亚洲的干旱地区都有种植。良好的抗旱性使大麦也能够适应北非和中东等地区的干燥缺水环境,因此,大麦被认为是适应性最强的谷物之一(Tricase et al.,2018)。截至2020年,全球约有78个国家种植大麦,主要分布在亚洲、欧洲、美洲、大洋洲和非洲(图3-3、图3-4、图3-5)。

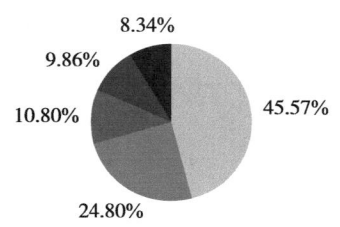

图3-3 全球大麦收获面积分布

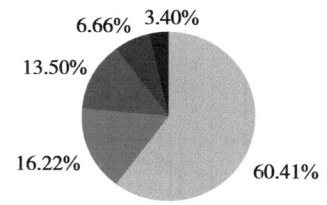

图3-4 全球大麦产量分布

数据来源:FAOSTAT。

全球大麦的主要产地是欧洲。2020年欧洲大麦收获面积为2 351.27万hm², 产量为9 485.99万t,分别占全球大麦总收获面积、总产量的45.57%和60.41%。欧洲大麦产区主要分布在俄罗

## 3 国内外大麦生产及贸易情况分析

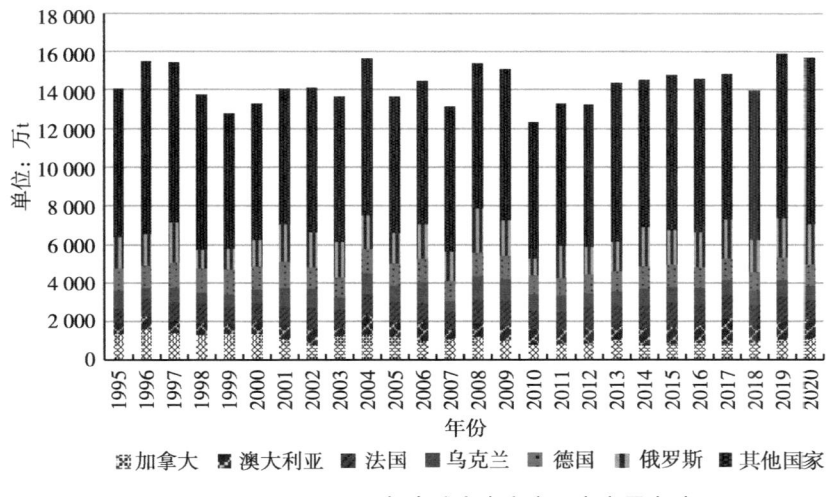

图 3-5　1995—2020 年全球大麦主产国家产量变动

数据来源：FAOSTAT。

斯、法国、德国、乌克兰、英国和丹麦。其中，俄罗斯是欧洲乃至全球大麦收获面积最大、产量最多的国家，2020 年大麦收获面积达到了 826.74 万 $hm^2$，占全球大麦总收获面积的 16.02%，大麦产量达到 2 093.9 万 t，占全球大麦总产量的 13.33%。德国是欧洲第二大大麦生产国。2020 年，德国大麦收获面积为 170.01 万 $hm^2$，产量为 1 076.92 万 t，分别占全球大麦总收获面积 3.29%、总产量的 6.86%。法国是欧洲第三大大麦主产国，大麦产量呈逐年上升的趋势，2020 年达到了 1 027.35 万 t，占全球大麦总产量的 6.54%。英国拥有欧盟的第二大麦芽产能，占全球麦芽产能的 42%，占世界麦芽贸易的 60% 以上。英国 30% 的大麦用于麦芽加工，60% 用于动物饲料（Yawson et al., 2020）。20 世纪 80 年代开始，英国大麦产量逐年下降，2010 年减少到 525 万 t，与 1984 年相比，减少了近一半；但是，近年来开始小幅度增加，2020 年达到了 811.70 万 t。

2020年亚洲大麦收获面积为1 279.43万hm²，产量为2 547.11万t，分别占全球大麦总收获面积、总产量的24.80%和16.22%，主要分布在东亚、中亚和西亚；主要种植国家为土耳其、哈萨克斯坦、伊朗和叙利亚，2020年这4个国家的大麦产量合计占亚洲大麦总产量的69.90%。其中，土耳其是亚洲第一大大麦生产国，1961—2006年大麦产量呈逐年增加的趋势，2006年达到了955万t的历史峰值，2007—2020年开始有所下降，2020年减少为830万t，占亚洲大麦总产量的32.59%。

2020年美洲大麦收获面积为557.47万hm²，产量为2 119.20万t，分别占全球大麦总收获面积、总产量的10.80%、13.50%。大麦种植主要集中在阿根廷、加拿大和美国。加拿大作为全球大麦主产国，近年来大麦收获面积呈现逐年减少的趋势，与2001年相比，2020年大麦收获面积、产量分别减少了32.31%、0.97%。美国作为大麦的主要种植国家，近年来大麦产业逐年萎缩，1961年大麦收获面积为518.30万hm²，2020年减少到86.32万hm²，减少了83.35%。

大洋洲仅有新西兰、澳大利亚两个国家种植大麦。2020年大洋洲大麦收获面积和大麦产量分别为508.60万hm²、1 046.48万t，分别占全球大麦总收获面积、总产量的9.86%、6.66%。其中，澳大利亚是全球最重要的大麦生产国和出口国，占世界啤酒大麦贸易的40%以上和饲料大麦贸易的20%。2020年澳大利亚大麦收获面积、产量分别达到504.09万hm²、1 012.72万t，分别占全球大麦总收获面积和总产量的9.77%、6.45%。

非洲是全球种植大麦最少的地区。2020年非洲大麦收获面积为430.17万hm²，产量为533.30万t，分别占全球大麦总收获面积、总产量的8.34%、3.40%。大麦种植主要分布在埃塞俄比亚、阿尔及利

亚、坦桑尼亚和南非等国家。

## 3.1.2 全球大麦贸易情况

### 3.1.2.1 全球大麦出口市场分布情况

1996—2020年全球大麦主要出口国家是法国、澳大利亚、德国、乌克兰、俄罗斯和阿根廷。分阶段来看，1996—2000年全球主要大麦出口国家是法国、澳大利亚、德国、加拿大和英国，这5个国家的大麦出口量合计占全球大麦出口量的65.75%。其中，法国作为全球最大的大麦出口国，其大麦出口量占全球大麦出口量的19.83%（表3-1）。2001—2005年，乌克兰、俄罗斯以12.31%、9.16%的出口占比取代加拿大、英国，成为位居全球大麦出口排名前5位的国家。因此，在这一阶段，全球大麦出口贸易格局发生变化，主要出口国家为法国、澳大利亚、乌克兰、德国和俄罗斯，这5个国家的大麦出口量合计占全球大麦出口量的比重较上一阶段增加了3.89%。2006—2010年，全球主要大麦出口国家较为稳定，大麦出口贸易格局保持不变。其中，乌克兰的大麦出口比例有所增加，达到了17.87%，成为全球第二大大麦出口国。澳大利亚和德国的出口比例则分别下降为13.69%、7.33%。2011—2015年，阿根廷取代德国成为主要出口国之一。全球大麦出口格局发生一定变化，排名前5位的出口国家是法国、澳大利亚、俄罗斯、乌克兰和阿根廷，这5个国家的大麦出口量合计占全球大麦出口量的64.02%。2016—2020年全球大麦出口贸易格局基本稳定，主要出口国家仍然是法国、澳大利亚、俄罗斯、乌克兰和阿根廷，这5个国家的大麦出口量合计占全球大麦出口量的63.91%。虽然，法国仍然是全球最大的大麦出口国，但是其出口比例呈下降的趋势，2016—2020年出口量仅占全球大麦出口量的17.56%。

表 3-1　全球主要大麦出口国家的变动情况　　　　单位：万 t、%

| 时间区间 | 主要出口国家 | 平均出口量 | 出口量占全球出口量比重 |
| --- | --- | --- | --- |
| 1996—2000 年 | 法国 | 422.80 | 19.83 |
| | 澳大利亚 | 325.35 | 15.26 |
| | 德国 | 295.72 | 13.87 |
| | 加拿大 | 211.07 | 9.90 |
| | 英国 | 146.86 | 6.89 |
| 2001—2005 年 | 法国 | 472.22 | 20.87 |
| | 澳大利亚 | 374.40 | 16.55 |
| | 乌克兰 | 278.49 | 12.31 |
| | 德国 | 243.17 | 10.75 |
| | 俄罗斯 | 207.23 | 9.16 |
| 2006—2010 年 | 法国 | 496.29 | 19.60 |
| | 乌克兰 | 450.25 | 17.78 |
| | 澳大利亚 | 346.62 | 13.69 |
| | 俄罗斯 | 193.37 | 7.64 |
| | 德国 | 185.64 | 7.33 |
| 2011—2015 年 | 法国 | 561.28 | 17.91 |
| | 澳大利亚 | 520.84 | 16.62 |
| | 俄罗斯 | 342.54 | 10.93 |
| | 乌克兰 | 317.23 | 10.12 |
| | 阿根廷 | 264.58 | 8.44 |
| 2016—2020 年 | 法国 | 633.39 | 17.56 |
| | 澳大利亚 | 558.47 | 15.49 |
| | 俄罗斯 | 436.81 | 12.11 |
| | 乌克兰 | 413.75 | 11.47 |
| | 阿根廷 | 262.61 | 7.28 |

数据来源：UN Comtrade 数据库。

## 3.1.2.2　全球大麦进口市场分布情况

1996—2020 年全球主要大麦进口国家是沙特阿拉伯、中国、日本、比利时、荷兰、意大利和伊朗；其中，沙特阿拉伯和中国分别是全球大麦第一大进口国和第二大进口国。分阶段来看，1996—2000 年，沙特阿拉伯、中国、日本、比利时和荷兰是全球主要大麦进口国，进口量合计占全球大麦进口量的 50.56%；其中，沙特阿拉伯和中国大麦进口量合计占全球大麦进口量的 31.73%（表 3-2）。2001—2005 年，全球大麦进口格局变动较小，主要进口国家依然是沙特阿拉伯、中国、日本和比利时，意大利取代荷兰成为全球第五大大麦进口国；其中，沙特阿拉伯和中国大麦进口量合计占全球大麦进口量的 30.60%。2006—2010 年，全球大麦进口市场格局没有发生变化，但排名前 5 位的国家大麦进口量合计占全球大麦进口量的比例进一步上升，达到 55.30%。2016—2020 年，中国大麦进口量激增，超过沙特阿拉伯成为全球大麦最大进口国，进口量占全球大麦进口量的 20.29%；沙特阿拉伯大麦进口量占全球大麦进口量比例下降到 18.34%。总体来看，当前，中国、沙特阿拉伯、荷兰、伊朗和比利时是全球主要大麦进口国，这 5 个国家进口量合计占全球进口量的 56.59%。

表 3-2　全球主要大麦进口国家的变动情况　　　　单位：万 t、%

| 时间区间 | 主要进口国家 | 平均进口量 | 进口量占全球进口量比重 |
|---|---|---|---|
| 1996—2000 年 | 沙特阿拉伯 | 447.87 | 21.97 |
| | 中国 | 199.06 | 9.76 |
| | 日本 | 159.09 | 7.80 |
| | 比利时 | 139.41 | 6.85 |
| | 荷兰 | 83.96 | 4.18 |

续表

| 时间区间 | 主要进口国家 | 平均进口量 | 进口量占全球进口量比重 |
|---|---|---|---|
| 2001—2005年 | 沙特阿拉伯 | 430.97 | 20.75 |
| | 中国 | 204.48 | 9.85 |
| | 日本 | 141.47 | 6.81 |
| | 比利时 | 130.50 | 6.28 |
| | 意大利 | 93.38 | 4.50 |
| 2006—2010年 | 沙特阿拉伯 | 710.80 | 29.29 |
| | 中国 | 171.76 | 7.08 |
| | 比利时 | 165.56 | 6.82 |
| | 日本 | 137.86 | 5.68 |
| | 荷兰 | 156.14 | 6.43 |
| 2011—2015年 | 沙特阿拉伯 | 785.23 | 26.19 |
| | 中国 | 461.04 | 15.38 |
| | 比利时 | 173.50 | 5.79 |
| | 荷兰 | 160.33 | 5.35 |
| | 日本 | 126.17 | 4.21 |
| 2016—2020年 | 中国 | 698.11 | 20.29 |
| | 沙特阿拉伯 | 631.13 | 18.34 |
| | 荷兰 | 218.38 | 6.35 |
| | 伊朗 | 215.10 | 6.25 |
| | 比利时 | 184.29 | 5.36 |

数据来源：UN Comtrade 数据库。

## 3.2 中国大麦生产、消费与贸易情况

### 3.2.1 中国大麦生产情况

#### 3.2.1.1 中国大麦收获面积、单产、产量情况

1961年以来，中国大麦收获面积总体呈现先增加后减少的变动趋势（图3-6）。1962年，中国大麦收获面积大幅增加，与1961年相比增长了47.21%，达到519.13万hm²的历史峰值，占全球大麦收获面积的9.52%。此后，中国大麦收获面积不断减少，1966年减少为208.56万hm²。1968—1973年，中国大麦收获面积有所增长，约为296万hm²，此后，随着社会经济的发展以及膳食结构的调整，中国大麦食用消费需求逐年减少，开始大幅度下降。1974—2000年，中国大麦平均收获面积下降为137.69万hm²。进入2000年，受到政策偏重主粮作物以及大麦缺乏比较效益的双重影响，中国大麦收

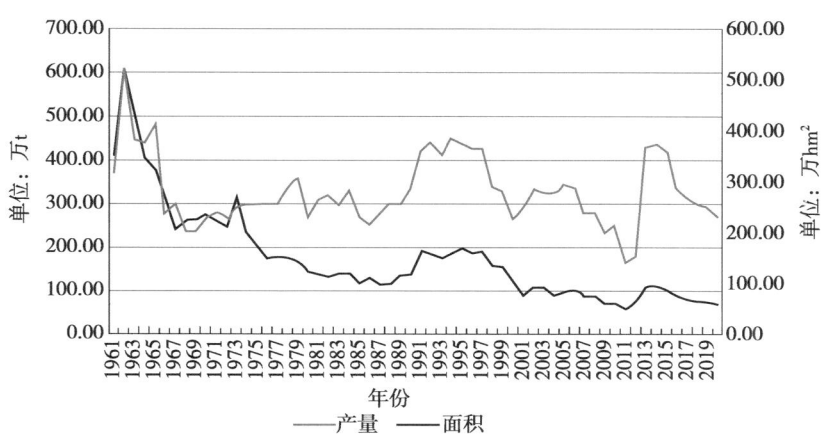

图3-6 1961—2020年中国大麦收获面积、产量变化趋势

数据来源：FAOSTAT。

获面积以年均23.99%的速度逐年减少。例如，自2004年开始，中国政府对小麦实施最低收购价政策，导致小麦种植收益高于大麦。2015年中国对澳大利亚实施"零关税"政策，澳大利亚大麦以质高价廉的优势再次冲击了中国大麦产业，导致国内大麦收获面积断崖式减少。2020年，中国大麦收获面积减少为26万$hm^2$，比1961年减少了326.65万$hm^2$。

随着种植技术的不断提升和品种的不断改良，中国大麦单产总体呈现不断增加的趋势（图3-7）。1961—1975年，中国大麦单产提高较慢，平均单产为1 244.88 kg/$hm^2$。1976—1988年，中国大麦单产呈波动增长的趋势。1988年首次突破3 000 kg/$hm^2$，达到了3 061.20 kg/$hm^2$，与1961年相比，提高了2.91倍。此后，中国大麦单产分别在2004年、2015年经历了两次较大幅度的增长，分别达到了4 102.2 kg/$hm^2$、4 182.7 kg/$hm^2$的历史最高水平。但是，随着国家对主粮的扶持力度不断加强，大麦作为杂粮逐渐退出粮食主产区，

图3-7　1961—2020年中国大麦单产变化趋势

数据来源：FAOSTAT。

向西北、西南等地区转移，目前大麦种植区域多为山地，单产水平略有下降。2020 年中国大麦单产达到了 3 461.50 kg/hm²，明显高于全球大麦平均单产（3 043.20 kg/hm²）。与 1961 年相比，2020 年中国大麦单产提高了 3.29 倍。

中国大麦产量变动趋势可大致划分为大幅上升和波动下降两个阶段（图 3-6）。1961 年中国大麦产量为 371.03 万 t，是全球大麦生产国之一。随着大麦收获面积的大幅度增加，1962 年中国大麦产量达到了 594.03 万 t 的历史峰值，同比增长 60.11%。此后，随着大麦收获面积的不断下降，中国大麦产量随之呈波动减少的趋势。但是，受单产水平提升的影响，1991—1997 年和 2013—2015 年中国大麦产量又经历了两次较大幅度的增加。在大麦收获面积呈断崖式减少的大背景下，中国大麦产量总体呈现大幅下降趋势。2020 年，中国大麦产量下降为 90 万 t，比 1961 年减少了 281.03 万 t。

### 3.2.1.2　中国大麦种植空间分布情况

大麦具有抗旱性强、耐瘠薄的特点，在中国广泛种植。2020 年中国大麦种植区域（不包括青稞）比较集中，主要分布在西北、西南和部分中部地区。云南、湖北、江苏、四川、甘肃等省是大麦主产区。2020 年，这些省区的大麦收获面积分别占全国大麦总收获面积的 33.54%、20.17%、10.41%、9.03%、8.79%（图 3-8）。其中，云南、湖北是大麦收获面积最多的两个省份，合计占全国大麦总收获面积的 53.71%。2020 年，中国啤酒大麦和饲料大麦的收获面积分别占全国大麦总收获面积的 40.47%、59.53%。啤酒大麦主要分布在云南、江苏、甘肃、新疆和内蒙古等省（区），饲料大麦主要分布在湖北、云南、四川、安徽、河南和浙江等省。云南是中国大麦收获面积最大的省份，既是啤酒大麦主产区，也是饲料大麦主产区。

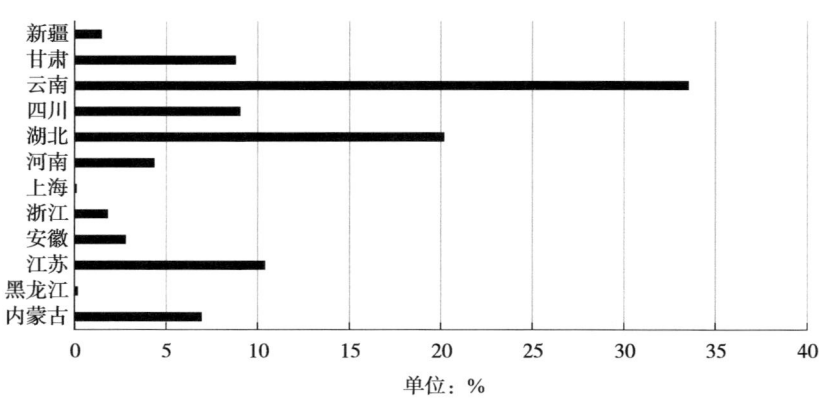

图 3-8　2020 年中国大麦主产区大麦收获面积占比

数据来源：根据国家大麦青稞产业技术体系数据整理。

从中国各省份大麦产量排名来看，2020 年排名前五的省份分别是云南、湖北、江苏、甘肃和四川，这些省份大麦产量分别占全国大麦总产量的 25.47%、24.71%、13.93%、10.98%、8.41%（图 3-9）。其中，云南、湖北的大麦产量较为接近，仅相差 2.17 万 t，但是从大麦的收获面积来看，云南是湖北的 1.66 倍，主要原因是，与地处平原地区的湖北相比，云南地势崎岖不利于大规模的机械化生产，导致大麦单产水平相对较低；2020 年云南大麦单产为 3 450 kg/hm$^2$，是湖北的 61.72%。2020 年，啤酒大麦和饲料大麦产量分别占中国大麦总产量的 39.33%、60.67%。其中，啤酒大麦产量排名前三位的省份为江苏、云南和甘肃，这些省份啤酒大麦产量合计占全国啤酒大麦总产量的 86.64%；饲料大麦产量排名前三位的省份为湖北、云南和四川，这些省份饲料大麦产量合计占全国饲料大麦总产量的 74.96%。

3 国内外大麦生产及贸易情况分析

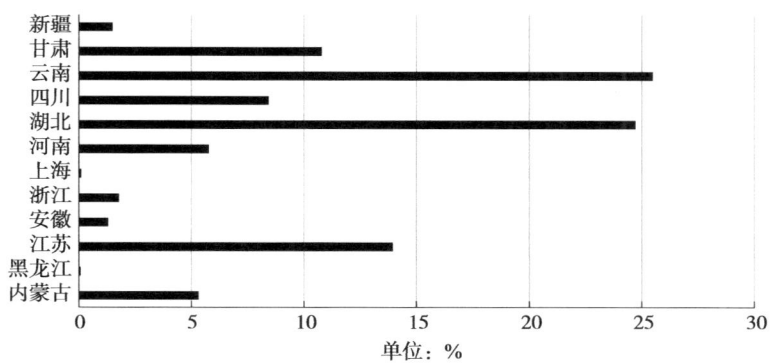

图 3-9　2020 年中国大麦主产区大麦产量占比

数据来源：根据国家大麦青稞产业技术体系数据整理。

### 3.2.1.3　中国大麦收获面积空间分布情况

利用中国大麦的产地集中度系数（各主产省大麦收获面积/全国大麦总收获面积），对 1996 年和 2020 年中国大麦生产布局的变动情况进行分析。测算结果表明：1996 年，产地集中度系数超过 10% 的中国大麦主产省份是河南和江苏，分别为 40.12%、19.08%；产地集中度系数超过 1% 的省区分别为浙江、安徽、四川、云南、新疆、湖北、陕西、湖南和福建。2020 年，产地集中度系数超过 10% 的中国大麦主产省份是云南、湖北和江苏，分别为 33.54%、20.17%、10.41%。其中，云南超过河南成为全国大麦收获面积最大的省份，产地集中度系数较 1996 年增长了 29.20%；湖北大麦的产地集中度系数为 20.17%，仅次于云南，成为全国大麦收获面积排名第二的省份；其余产地集中度系数超过 5% 的省区分别为江苏、四川、甘肃和内蒙古。通过对比 1996 年和 2020 年中国大麦的产地集中度系数可以看出，1996—2020 年中国大麦种植区域由中部、东南地区逐步向西南、西北地区转移。

#### 3.2.1.4 中国大麦产量空间分布情况

利用大麦的生产集中度系数（各主产省大麦产量/全国大麦总产量）对 1996 年、2020 年中国大麦主产省的空间变动情况进行分析。测算结果表明：1996 年，中国大麦的生产集中度系数超过 10% 的省份是江苏和浙江；其中，江苏的大麦生产集中度系数高达 40.03%，是全国大麦产量最高的省份；浙江的大麦生产集中度系数排名第二，但远低于江苏，仅为 14.09%。其他大麦生产集中度系数排名超过 1% 的省（区、市）分别为安徽、四川、上海、新疆、湖北、云南。2020 年，中国大麦生产集中度系数超过 10% 的省份为云南、湖北、江苏和甘肃。云南的生产集中度系数超过浙江，成为全国大麦产量最多的省份。湖北大麦的生产集中度系数由 1996 年的 4.32% 增长至 2020 年的 24.71%，成为全国大麦产量排名第二的省份；江苏大麦的生产集中度系数较 1996 年下降了 26.10%；安徽和上海大麦的生产集中度系数分别大幅下降至 1.28%、0.02%。通过对比 1996 年和 2020 年中国大麦主产地区的生产集中度系数可以看出，中国大麦产量与大麦收获面积的空间转移特征有相似之处，均呈现由中部、东南地区向西南、西北地区转移的趋势。

#### 3.2.1.5 中国大麦价格变动情况

1995—2020 年中国大麦价格呈现先下降后上升再波动下降的变动趋势（图 3-10），具体可以分为以下 3 个阶段：第一阶段为 1995—2002 年持续下降。1995 年中国大麦价格为 1 419 元/t，此后不断波动下降，2002 年下降至 785.65 元/t，较 1995 年下降了 44.63%。第二阶段为 2003—2008 年大幅上涨。中国大麦价格由 2003 年的 1 075 元/t 上涨至 2008 年的 2 290 元/t，涨幅达到 2.13 倍。第三阶段为 2009—2020 年波动下降。中国大麦价格在 2010 年和 2016 年经历了两次较大幅度的骤降，分别下降至 1 642 元/t、1 573 元/t，同比分别减少

21.66%、15.1%。此后有所回升，2020年中国大麦价格为1 792元/t，较2009年的前期高点下降5.93%。中国大麦价格由市场决定，市场供需变动和国家政策调整是引发大麦价格波动的主要原因。例如，2016年中国政府取消玉米"临时收储"政策，改为实施"市场定价＋补贴"政策，玉米价格大幅下降，作为玉米替代品的大麦价格随之下降。此外，中澳自贸区建立后，中国对原产于澳大利亚的进口大麦实施"零关税"政策，澳大利亚进口大麦以较低的价格冲击国内大麦市场，抑制了国内大麦价格随生产成本攀升而合理上涨。

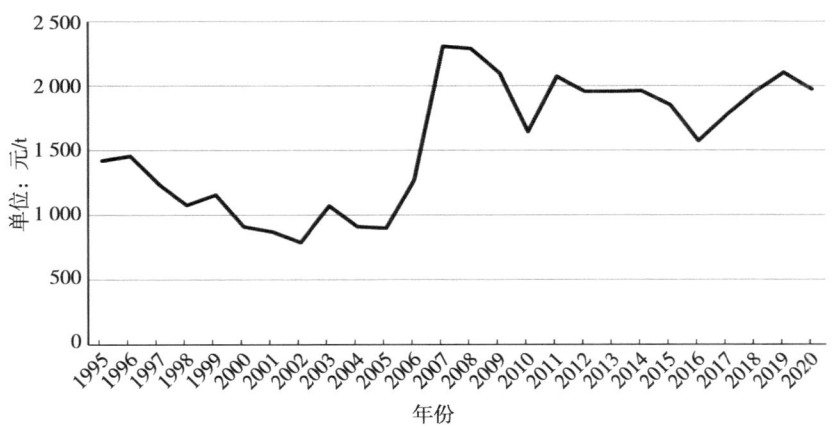

图3-10　1995—2020年中国大麦价格变动趋势

数据来源：谷鸽久久网。

## 3.2.2　中国大麦消费情况

大麦是一种可直接食用的粗粮，也是重要的啤酒酿造原料和饲料原料。大麦的消费端主要包括食用消费、饲用消费和加工消费。1961年中国大麦食用消费、饲用消费、加工消费分别占当年总消费量的84.36%、14.95%、0.69%（图3-11）。可以看出，食用消费是中国大麦主要的消费途径，其主要原因是，20世纪80年代以前，中国人均粮食占有量较少，小麦等主粮无法满足人们对口粮的基本需求，大麦等杂粮成为主粮的必要补充。改革开放以后，中国人均粮食占有量持续攀升，大麦等杂粮逐渐退出口粮范畴，到2020年，中国大麦的食用消费量仅占大麦总消费量的4.55%。随着经济的发展和居民膳食结构的升级，中国的肉类和啤酒消费量大幅度增加，推动了大麦饲用消费需求和加工消费需求的不断增长，并取代食用消费，成为大麦主要消费途径。2020年，中国大麦的饲用消费和加工消费分别占大麦总消费量的59.86%、35.59%。

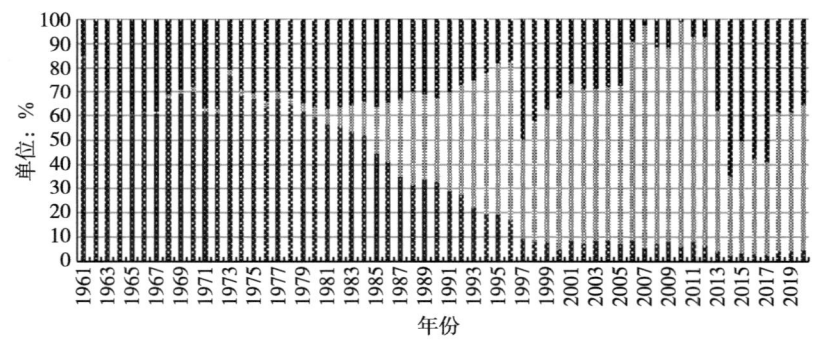

图 3-11　1961—2020 年中国大麦消费比例变动

数据来源：美国农业部。

根据图 3-12 可知，1961—2020 年中国大麦消费量呈大幅上涨趋势，但大麦自给率呈断崖式下降。从大麦消费量来看，1961—2020 年中国大麦消费量的变动经历了 3 个阶段：第一阶段为 1961—1969 年大幅下降，降幅达到了 48.28%。主要原因是，随着小麦产量的不断增加，大麦的食用消费日趋减少。同时，这一阶段啤酒产业和畜牧业的发展较为缓慢，并没有刺激大麦消费的增长，因此，中国大麦消费大幅减少。第二阶段为1970—2014年逐年增加。2014年中国大麦消费量达到727.97万t，比1970年增长了近2.49倍。主要原因是，随着经济的持续发展，中国啤酒产业表现出强劲的发展趋势。1970年中国啤酒产量仅占全球啤酒总产量的0.24%，到2014年该比例提高到了26.05%，中国成为全球最大的啤酒生产国和消费国。同时，畜牧业在这一阶段也进入了快速发展期。啤酒产业和畜牧业的发展在很大程度上推动了中国大麦消费需求的快速增长。第三阶段2015—2020年剧烈波动。2015年中国大麦消费量首次突破1 000万t，达到了1 265.37万t，比2014年增加了1.74倍；2016年中国大麦消费量大幅下降，比2015年降低了50%；2017年中国大麦消费又攀升至1 000.36万t。2018年以来，随着非洲猪瘟、新冠疫情的暴发，畜牧业受到冲击，且啤酒消费量、产量均出现下降趋势。在此背景下，中国大麦消费量迅速下降，2019年减少为686万t。2020年后，随着新冠疫情逐渐稳定，中国大麦消费量又出现恢复性增长，达到了897.95万t。

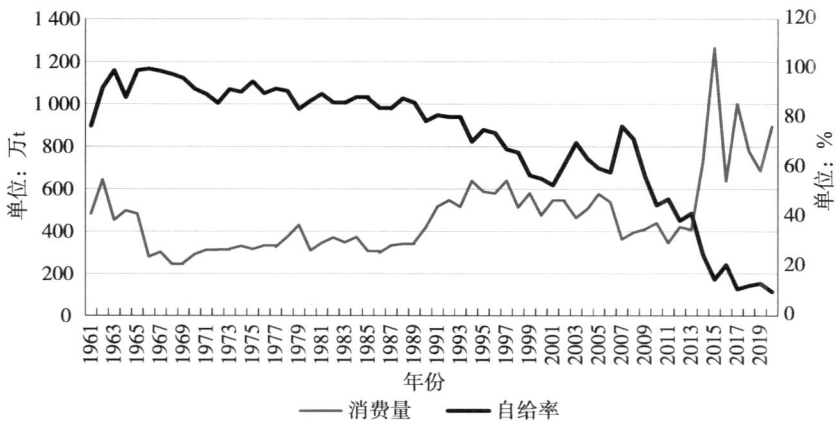

图3-12　1961—2020年中国大麦消费量、自给率变动趋势

数据来源：中国大麦消费量来源于美国农业部，大麦国内产量来源于国家大麦青稞产业技术体系，中国大麦进口量和出口量来源于FAOSTAT。

从大麦自给率来看，中国大麦自给率总体呈现波动下降趋势。分阶段来看，1961—2001 年，中国大麦自给率由 99.29% 下降到 52.95%。在该阶段，中国大麦消费正逐渐由以食用消费为主向以加工消费和饲料消费为主转变。尤其是 2001 年以后，随着经济的持续发展中国城乡居民的人均可支配收入不断增长，对啤酒和肉类的需求也随之增加。因此，大麦作为啤酒酿造原料和饲料原料，其消费需求的不断增加在一定程度上刺激了国内大麦生产的发展。因此，2002—2008 年，中国大麦自给率呈现恢复性增长，2008 年达到了 71.34%。但是，随着国家对主粮的政策倾斜，使中国大麦的比较效益长期低于同期竞争性农作物，农户不断减少大麦收获面积。2009—2020 年，中国大麦自给率呈断崖式下降，到 2020 年下降至 10.02%。

### 3.2.3 中国大麦进口概况

#### 3.2.3.1 中国大麦进口量情况

自 1961 年以来，中国大麦贸易一直处于净进口状态，并在 2020 年成为全球第一大大麦进口国。图 3-13 反映了 1961—2020 年中国大麦进口量、产量以及对外依存度的变动趋势。随着产量的逐年减少，中国大麦进口量、对外依存度波动上升，并保持相同的变动趋势。根据大麦进口量、对外依存度的波动特征，可大致将中国大麦进口划分为 3 个阶段。第一阶段为 1961—1991 年，中国大麦进口量、对外依存度低位徘徊。中国大麦收获面积和产量在 1962 年分别达到了 519.13 万 $hm^2$ 和 594.03 万 t 的历史峰值，国内生产完全能够满足消费需求。因此，这一阶段中国进口大麦的数量较少，大麦进口量平均为 39.17 万 t，大麦进口量和对外依存度一直处于较低水平。第二阶段为 1992—2013 年中国大麦进口量总体呈现波动上升，平均年进口量达到了 186.28 万 t，对外依存度不断增加。1992 年中

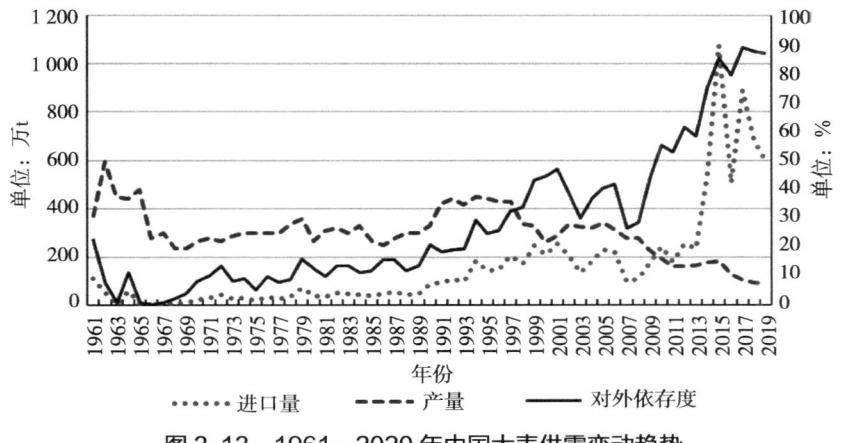

图 3-13　1961—2020 年中国大麦供需变动趋势

数据来源：FAOSTAT。

国大麦进口量首次突破 100 万 t，达到 106.94 万 t。但是，大麦进口量的波动幅度较大，2007 年和 2012 年分别达到这一阶段的最小值 96.37 万 t 和最大值 258.69 万 t。同时，这一时期中国大麦的对外依存度大幅度上涨，由 1992 年的 19.56% 攀升至 2013 年的 58.40%。第三阶段为 2014—2020 年，这一阶段是中国大麦进口量最多也是进口波动最为频繁的时期，大麦平均进口量达到 730.23 万 t，平均对外依存度达到了 84.16%。随着国内大麦供求关系的进一步紧张，2014 年中国大麦进口量大规模增加，达到了 546.77 万 t。此后中国大麦进口数量均在 500 万 t 以上。2015 年中国对澳大利亚进口大麦实施"零关税"政策，当年大麦进口量飙升至 1 078.57 万 t，成为近 50 年以来的最大进口量。在经历了 2015 年的进口高峰后，中国大麦进口开始大幅度下降，2016 年大麦进口量下降到 505.51 万 t，较 2015 年减少近一半。此后，中国大麦进口量一直处于剧烈波动状态，相邻年份进口量的变动高达 200 万 t 左右，2017—2020 年中国大麦进口量分别为891.84万t、684.96万t、596万t、807.95万t。2020年中国大麦对外依存度高达89.98%，中国大麦消费严重依赖国际市场。较高的对外依存度意味着中国极易受到国际大麦市场波动的影响，中国大麦面临较高的进口风险。

表3-3分别反映了1991—2020年中国、全球大麦进口量，以及中国大麦进口量占全球大麦进口量的比例。1991—2013年中国大麦总进口量一直维持在较低的水平，因此，占全球大麦进口量的比例较小，基本维持在10%以内。随着国内大麦消费需求的增长，中国大麦进口进入新的阶段。2014—2020年中国大麦进口量占全球大麦进口量的比例达到了23.31%，进口比例大幅度增加，但是变动幅度较大。2014年中国大麦进口量增加到546.77万t，占全球进口量的比例增长到17.22%。2015年中国大麦进口量进一步激增，达到了1 078.57万t，占全球大麦进口量的比例达到了30.17%。2016年中国大麦进口比例再次经历大幅度下降，与2015年相比下降了15.29%。总体来看，中国大麦占全球进口量的比例呈增加趋势。截至2020年，中国大麦进口量占全球进口量的39.28%，成为全球最大的大麦进口国。

表3-3 1991—2020年中国大麦进口量及占全球比重情况

单位：万t、%

| 年份 | 中国进口量 | 全球进口量 | 中国进口量占全球进口量比重 |
| --- | --- | --- | --- |
| 1991 | 97.26 | 1 727.67 | 5.63 |
| 1992 | 106.94 | 2 314.25 | 4.62 |
| 1993 | 101.10 | 1 707.99 | 5.92 |
| 1994 | 188.12 | 2 231.87 | 8.43 |
| 1995 | 145.48 | 2 123.73 | 6.85 |

续表

| 年份 | 中国进口量 | 全球进口量 | 中国进口量占全球进口量比重 |
|---|---|---|---|
| 1996 | 150.61 | 2 065.91 | 7.29 |
| 1997 | 208.70 | 2 043.70 | 10.21 |
| 1998 | 174.52 | 1 708.45 | 10.22 |
| 1999 | 250.06 | 2 128.06 | 11.75 |
| 2000 | 211.43 | 2 248.85 | 9.4 |
| 2001 | 257.09 | 2 005.34 | 12.82 |
| 2002 | 208.10 | 2 051.22 | 10.15 |
| 2003 | 139.54 | 1 959.47 | 7.12 |
| 2004 | 184.79 | 2 024.44 | 9.13 |
| 2005 | 232.00 | 2 342.15 | 9.91 |
| 2006 | 225.57 | 2 408.71 | 9.36 |
| 2007 | 96.37 | 2 216.27 | 4.35 |
| 2008 | 113.45 | 2 563.31 | 4.43 |
| 2009 | 180.09 | 2 409.22 | 7.48 |
| 2010 | 243.35 | 2 536.01 | 9.6 |
| 2011 | 182.70 | 2 457.32 | 7.43 |
| 2012 | 258.69 | 2 766.72 | 9.35 |
| 2013 | 238.49 | 3 016.81 | 7.91 |
| 2014 | 546.77 | 3 175.24 | 17.22 |
| 2015 | 1 078.57 | 3 575.48 | 30.17 |
| 2016 | 505.51 | 3 396.42 | 14.88 |
| 2017 | 891.84 | 3 923.74 | 22.73 |
| 2018 | 684.96 | 3 452.56 | 19.84 |
| 2019 | 596.00 | 3 133.02 | 19.02 |
| 2020 | 807.95 | 2 056.84 | 39.28 |

数据来源：FAOSTAT。

### 3.2.3.2 中国大麦主要进口来源情况

1995—2020 年中国大麦进口格局较为稳定，澳大利亚、加拿大、法国是主要进口来源国。1995 年中国大麦进口来源分布较为广泛，主要来源于澳大利亚、加拿大、法国、英国、美国、俄罗斯、丹麦、西班牙等国家。其中，自澳大利亚、加拿大和法国的大麦进口比例较大，占中国进口的 79.09%，剩余 21.91% 来源于其他国家（图 3-14）。1996—2010 年，中国自澳大利亚、加拿大和法国的进口量不断攀升，形成了三国垄断的贸易格局。在此期间，中国自以上 3 个国家的平均总进口比例达到 95.93%，甚至在 2004—2007 年高达 100%。2011—2020 年，中国增加了自阿根廷、乌克兰、丹麦、俄罗斯、哈萨克斯坦等国家的大麦进口，中国大麦进口来源呈多样化。在 2011—2017 年，中国大麦进口仍然以澳大利亚、加拿大、法国为主要来源国，进口比例维持在 90% 以上。阿根廷、乌克兰等其他国家的总进口比例则维持在 10% 以内。2018—2020 年中澳贸易摩擦导致中国自澳大利亚进口量急剧下降。2020 年，中国自澳大利亚的大麦进口比例下降至 18.17%，澳大利亚、加拿大、法国三国的总进口

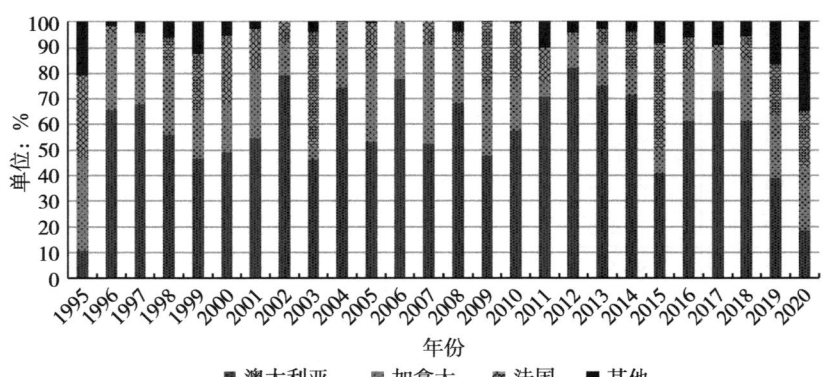

图 3-14　1995—2020 年中国大麦主要进口来源国进口比例变化

数据来源：FAOSTAT。

比例减少至68.52%，自其他国家的大麦进口比例增长至32.48%。虽然，中澳贸易摩擦打破了中国大麦贸易长期以来的垄断格局，但是截至2020年，中国进口量最多的3个主要国家仍然是澳大利亚、加拿大和法国。

1995—2020年中国大麦进口长期处于澳大利亚、加拿大、法国三国垄断的局面。从中国自澳大利亚进口大麦的变动情况来看，1995年中国自澳大利亚进口比例较小，仅为10.88%。1996—2018年中国自澳大利亚的进口比例开始大幅度增加，平均占比达到了62.98%（表3-4）。其中，2012年中国自澳大利亚进口比例达到了历史最高点，占当年中国大麦总进口的82.22%。但是，随着2018年11月中国对原产于澳大利亚进口大麦进行反倾销、反补贴调查，自澳大利亚进口大麦的比例开始出现明显下降。2019年中国自澳大利亚进口大麦的比例减少为39.06%。2020年中国对澳大利亚进口大麦征收高额关税的裁决，使中国自澳大利亚进口大麦的比例进一步下降至18.46%。从中国自加拿大进口大麦的变动情况来看，1995—2002年，中国自加拿大进口大麦的比例较为稳定，年均进口比例为24.66%。2003年，由于法国进口比例的大幅增加，导致加拿大大麦进口比例下降至4.89%。2004—2010年，中国自加拿大的大麦进口量不断增加，年均进口比例恢复到之前的水平，为26.70%。2011—2017年，中国自加拿大的进口比例呈下降趋势，年均进口比例减少为12.78%。2018—2020年，中澳贸易摩擦爆发使中国大麦贸易发生转移效应，自加拿大大麦的进口比例增长至24.75%。从中国自法国进口大麦的比例来看，1995—2020年中国自法国进口大麦的比例与澳大利亚、加拿大相比，比例较小且极不稳定。主要原因是法国大麦的浸出率较低，中国啤麦的进口来源主要是澳大利亚和加拿大，法国大麦仅作为啤麦的补充进口。

表 3-4  1995—2020 年澳、加、法大麦在中国大麦进口市场的比例

单位：%

| 年份 | 澳大利亚 | 加拿大 | 法国 | 总占比 | 年份 | 澳大利亚 | 加拿大 | 法国 | 总占比 |
|---|---|---|---|---|---|---|---|---|---|
| 1995 | 10.88 | 35.88 | 32.32 | 79.08 | 2008 | 68.12 | 20.36 | 7.55 | 96.03 |
| 1996 | 65.67 | 30.47 | 2.15 | 98.29 | 2009 | 47.53 | 28.22 | 23.95 | 99.70 |
| 1997 | 67.91 | 26.42 | 1.17 | 95.50 | 2010 | 57.53 | 20.47 | 21.22 | 99.22 |
| 1998 | 56.13 | 29.41 | 8.29 | 93.83 | 2011 | 70.68 | 5.84 | 13.48 | 90.00 |
| 1999 | 62.02 | 16.64 | 7.58 | 86.24 | 2012 | 82.22 | 12.41 | 0.91 | 95.54 |
| 2000 | 49.07 | 19.30 | 26.15 | 94.52 | 2013 | 75.34 | 16.14 | 5.71 | 97.19 |
| 2001 | 54.56 | 26.98 | 15.51 | 97.05 | 2014 | 71.63 | 10.34 | 14.12 | 96.09 |
| 2002 | 79.31 | 12.19 | 8.50 | 100.00 | 2015 | 40.64 | 9.71 | 41.20 | 91.55 |
| 2003 | 46.35 | 4.89 | 44.76 | 96.00 | 2016 | 61.29 | 19.71 | 12.88 | 93.88 |
| 2004 | 74.56 | 25.25 | 0.00 | 99.81 | 2017 | 73.11 | 15.33 | 2.51 | 90.95 |
| 2005 | 53.23 | 32.35 | 13.62 | 99.20 | 2018 | 61.31 | 24.65 | 9.69 | 95.65 |
| 2006 | 77.76 | 21.54 | 0.69 | 99.99 | 2019 | 39.06 | 24.62 | 19.95 | 83.63 |
| 2007 | 52.58 | 38.72 | 8.70 | 100.00 | 2020 | 18.46 | 24.98 | 21.77 | 65.21 |

数据来源：UN Comtrade 数据库。

### 3.2.3.3 中国大麦进口价格情况

由图 3-15 可知，1961—2020 年，中国大麦进口价格表现出明显的阶段性特征。第一阶段为 1961—2008 年，中国大麦进口价格波动上升，并在 2008 年达到 446.07 美元/t 的历史峰值。这一时期大麦进口价格的上升除受到国内大麦消费需求快速增长的驱动外，还在较大程度上受到了外部冲击的影响。一方面，石油作为运输成本，其价格的大幅上涨在一定程度上推高了中国大麦进口价格；另一方面，2008 年全球金融危机爆发导致全球粮食价格暴涨，成为

引致 2008 年中国大麦进口价格上涨 53.71% 的重要原因。第二阶段为 2009—2020 年，中国大麦进口价格波动下降。这一阶段中国大麦进口价格呈现从急剧下降到缓慢上升再到波动下降的变化趋势。中国大麦进口价格在 2011 年达到阶段性最高值，随后一路波动下行，2020 年降至 204.88 美元 /t。与 2008 年历史峰值相比，进口价格下降了 241.19 美元 /t，降幅接近一半。这一阶段中国大麦进口价格下降主要受到来自澳大利亚大麦进口价格下降的影响。澳大利亚作为中国主要的大麦进口国家，平均占中国大麦进口总量的 50%。2015 年中国对澳大利亚进口大麦实施"零关税"政策，引起澳大利亚大麦进口价格大幅下降，中国大麦进口价格随之下降。

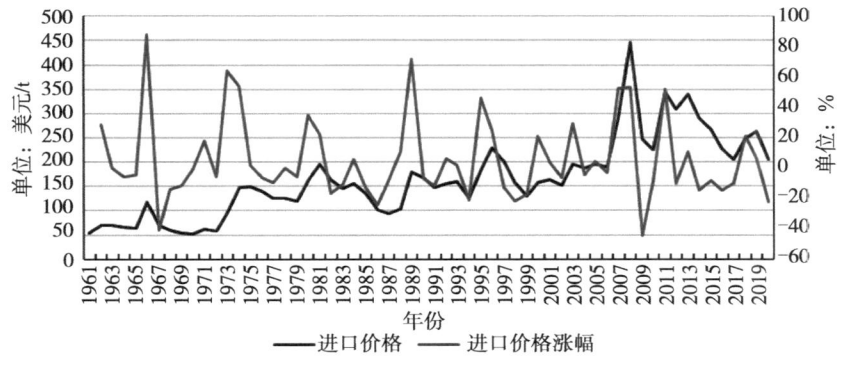

图 3-15　1961—2020 年中国大麦进口价格及涨幅

数据来源：UN Comtrade 数据库。

## 3.3　本章小结

本章分析了国内外大麦生产及贸易情况。首先，重点梳理了全球大麦生产布局情况以及贸易格局的演变，其次，具体分析了中国大麦供需变动、空间分布特征以及贸易格局变化等情况。主要得出以下结论：

一是全球大麦供给持续增长，种植区域以及进出口国家相对集中。全球大麦收获面积总体上呈大幅度减少的趋势，但随着科技的进步与发展，大麦单产水平不断提高，最终在全球大麦收获面积逐年下降的情况下实现了总产量的不降反增。从大麦的种植区域来看，全球大麦种植分布范围较广，截至 2020 年，全球约有 78 个国家种植大麦，但相对集中在欧洲、亚洲和美洲，其中，俄罗斯、德国和法国是全球排名前三的大麦生产国。从全球大麦贸易格局来看，全球大麦出口国家、进口国家均较为集中，当前法国、澳大利亚、乌克兰、阿根廷、俄罗斯是全球主要大麦出口国，上述 5 个国家出口量占全球总出口量的 63.91%。中国、沙特阿拉伯、荷兰、伊朗、比利时是全球大麦主要进口国家，上述 5 个国家进口量占全球总进口量的 56.59%。

二是中国大麦供需矛盾突出，生产布局呈"西移"趋势。中国大麦产量变动趋势可大致划分为大幅上升和波动下降两个阶段。随着 1962 年中国大麦收获面积的大幅度增加，中国大麦产量达到了 594.03 万 t 的历史峰值，此后，中国大麦产量波动下降，截至 2020 年，产量下降为 90 万 t。同时，由于缺乏政策支持，中国大麦生产逐渐退出粮食主产省，中国大麦生产布局表现出明显的"西移"趋势。当前云南、湖北、四川、甘肃、江苏是中国大麦的主产省份。从中国大麦的需求看，大麦需求逐年增加，尤其随着社会经济的发展，饲用消费需求、加工消费需求快速增长，供需缺口持续扩大。

三是中国大麦进口量大幅增长，进口来源较为集中。自 1961 年以来，中国大麦贸易一直处于净进口状态，并在 2020 年成为全球第一大大麦进口国，进口量占全球大麦进口量的 39.28%。中国大麦进口来源主要集中在澳大利亚、法国、加拿大 3 个国家。1996—

2018年中国自上述3个国家的大麦进口量平均占国内大麦进口量的95.92%，存在明显的寡头垄断特征。随着2018年中国对原产于澳大利亚的进口大麦实施反倾销调查，中国新增加了俄罗斯、乌克兰和阿根廷等国家的大麦进口，一定程度改善了大麦进口高度集中的贸易格局。

四是中国大麦进口价格具有明显的波动特征，消费需求变动和外部冲击是引起价格波动的主要原因。1961—2008年中国大麦进口价格呈波动上升的趋势，并在2008年达到446.07美元/t的历史峰值；2009—2020年，中国大麦进口价格呈波动下降的趋势，截至2020年，中国大麦进口价格下降至204.88美元/t。

# 4 中国大麦进口价格风险评价与成因分析

首先，本章对 2015 年 1 月—2021 年 7 月中国的大麦进口价格、进口量以及国际大麦市场价格的变动情况进行梳理和分析；其次，通过测算进口效率，对中国大麦进口价格风险进行评价；最后，选取中国主要的大麦进口来源国澳大利亚、加拿大、法国，梳理近年来以上 3 个国家在中国大麦进口中的市场份额，并运用市场势力模型对中国大麦进口价格风险的成因进行分析。

## 4.1 中国大麦进口价格风险评价

图 4-1 反映了 2015 年 1 月—2021 年 7 月中国大麦进口单价、进口量及国际大麦市场价格的变动情况（考虑到法国是全球最大的大麦主产国和出口国，故此处将法国大麦的现货价格作为国际大麦市场价格）。从中国大麦进口价格和国际大麦市场价格的变化情况来看，随着中澳自贸协定的生效，中国对原产于澳大利亚的进口大麦实施"零关税"政策，极大降低了中国大麦进口价格。国际大麦市场价格和中国大麦进口价格分别在 2015 年 1 月—2017 年 1 月、2015 年 1 月—2017 年 3 月呈波动下降的趋势。这一时期，国际大麦市场价格、中国大麦进口价格分别下降了 30.47%、24.55%。但是，此后受极端自然灾害频发、原油价格上涨等因素影响，全球大麦市场价格攀升。2017 年 2 月—2018 年 10 月、2017 年 4 月—2018 年 10 月国际大麦市场价格与中国大麦进口价格经历了大幅度上涨，在 2018 年 10 月分别达到了 256.16 美元/t、306.31 美元/t 的阶段性峰值。受市场供应宽松，以及 2019 年 12 月新冠疫情全面暴发后各国大麦消费量急剧减少的共同影响，国际大麦市场价格和中国大麦进口价格又分别在 2018 年 11 月—2020 年 5 月、2018 年 11 月—2021 年 2 月经历了一轮下降。其中，国际大麦市场价格的下降幅度

要超过中国大麦进口价格的下降幅度。直至 2020 年 6 月、2021 年 3 月国际大麦市场价格、中国大麦进口价格才有了恢复性的上涨。从中国大麦进口量的变动趋势来看，进口量变动较为频繁，且变动幅度相对较大。在 2017 年 7 月、2018 年 4 月以及 2020 年 10 月中国大麦进口量大幅上涨的过程中，中国大麦进口价格均有明显上涨。上述情况表明，国际大麦价格的上涨，以及中国大麦进口需求的增长均可能使中国大麦进口面临价格大幅上涨的风险。

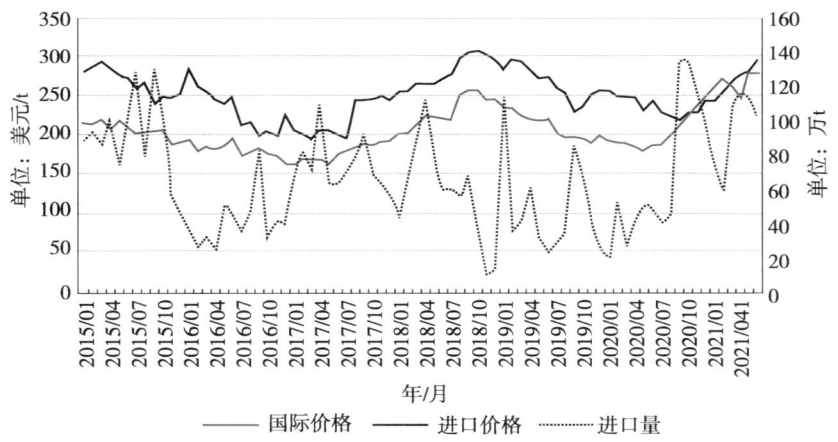

图 4-1　中国大麦进口单价、进口量及国际大麦市场价格变动趋势

数据来源：国际价格根据 UN Comtrade 数据库的全球大麦进口量与进口额计算得出；中国大麦进口价格与进口量的数据均来源于 UN Comtrade 数据库。

## 4.1.1　评价方法

当前关于价格风险评价的方法大致可分为以下几类。一是构建价格风险评价指标体系，并运用德尔菲法或主成分分析法对各项指标进行赋值，最后通过计算相应得分进行风险判断；另一类文献通过测算国际农产品价格指数、时变风险值等，分析国际农产品波动情况，进行价格风险的判断；还有学者综合进口数量与进口价格两个方面，通过测算进口效率、经济效益等指标，判断风险情况（卢锋，2000；钟钰等，2014）。本研究基于第2章对贸易风险的定义，借鉴最后一类文献的做法，通过分析大麦进口价格变化与进口数量变化之间的相关关系，判断进口价格风险情况。例如，当中国大量进口大麦时，进口价格超出常规的大幅上涨，势必推高中国大麦相关产业的生产成本，造成巨大的经济损失，此时即存在大麦进口价格风险。

借鉴钟钰等（2014）关于进口效率的研究方法，对中国大麦进口价格进行风险评价。首先，分别测算进口量与进口价格的变动方向。其次，通过分析同向变动样本中进口量与进口价格的数量关系，进一步判断风险特征。计算公式如下：

大麦进口量变动（$\Delta IBQ_t$）：

$$\Delta IBQ_t = IBQ_t - IBQ_{t-1} \tag{4-1}$$

式（4-1）中，$\Delta IBQ_t$为中国$t$年大麦进口量的变动量。

大麦进口价格变动（$\Delta IBP_t$）：

$$\Delta IBP_t = \Delta IBP_t - \Delta IBP_{t-1} \tag{4-2}$$

式（4-2）中，$\Delta IBP_t$为中国$t$年大麦进口价格的变动量。

大麦进口量与进口价格相关系数（$T$）：

$$T = \frac{\Delta IBP_t}{\Delta IBQ_t} \tag{4-3}$$

当相关系数（$T$）<0时，表示中国大麦进口量增加时，并未引起大麦进口价格的上涨，此时扩大进口不会因成本上涨而遭受经济损失，即不存在价格风险。当相关系数（$T$）≥0时，表示大麦进口价格与进

口量同向变动,即大麦进口价格将随中国大麦进口量的增加或减少,而出现上涨或下跌的情况。此时进口价格的大幅变化将直接或间接推高中国大麦相关产业的生产成本,进而造成社会经济福利的损失。本研究将相关系数($T$)的均值作为价格大幅变化的判定值,即在相关系数($T$)≥0的样本中,将大于其均值部分视为存在价格风险。

基于价格月度数据的可得性,将样本区间设定为2015年1月—2021年6月,共计78个月度样本数据。中国大麦进口价格、中国大麦进口量以及国际大麦市场价格均来自UN Comtrade数据库。其中进口单价根据进口量与进口额的比值计算得出。

### 4.1.2 评价结果

测算结果显示(表4-1),2015年1月—2021年6月中国大麦进口量与进口价格同向变动,且相关系数($T$)大于其均值的样本个数为14个,占全部样本总数的18.18%。这意味着中国大麦进口面临价格风险较小。结合中国大麦进口量频繁、大幅波动这一特征来看,虽然在中国大麦进口量增长时,进口价格出现大幅上涨的可能较小,但可能造成巨大的经济损失,故中国大麦进口面临的价格风险仍然值得关注。

表4-1 中国大麦进口价格风险情况

| 序号 | 项目 | 数值 |
| --- | --- | --- |
| 1 | 样本容量 | 77 |
| 2 | 存在价格风险样本数量 | 14 |
| 3 | 占样本容量的比重 | 18.18% |
| 4 | 不存在价格风险样本数量 | 63 |
| 5 | 占样本容量的比重 | 81.82% |

数据来源:作者测算。

## 4.2 中国大麦进口价格风险成因分析

### 4.2.1 理论分析与模型选择

#### 4.2.1.1 理论分析

对于中国大麦进口存在的"进口价格随进口量增加而大幅上涨"的现象,理论上存在两种解释。一是中国作为全球最大的大麦进口国,其行为在国际大麦市场上存在"大国效应"。即中国大麦进口行为将明显引起大麦国际市场供需情况的变化,进而国内大麦需求的增长及供给的不足是导致进口价格上涨的主要原因。二是国际市场存在"歧视性高弹性反应"(范建刚,2007)。只要贸易大国出现大量进口的信号,国际市场价格就将先行大幅上涨,也即是中国大麦进口价格受到了主要出口国的操控。从中国大麦贸易结构来看,中国大麦进口市场存在澳大利亚、加拿大、法国三国寡头垄断的情况。根据 UN Comtrade 数据库数据统计,以上 3 个国家在中国大麦进口中的市场份额保持在 95% 以上。在这种贸易结构下,贸易价格极易受主要出口国操控,而面临大幅上涨的风险(司伟 等,2013)。因此,探究中国大麦进口价格风险的原因,关键在于准确判断中国大麦贸易市场中各国影响市场价格能力的大小。在实际贸易过程中,拥有市场势力就意味着贸易国能够通过调整出口量,实现对价格的控制,这也是分析当前中国进口价格风险的主流方法(司伟 等,2013;李光泗 等,2020)。

#### 4.2.1.2 模型选择

市场势力属于非完全竞争市场的理论范畴,是指厂商按其意愿将价格制定在边际成本之上,谋求超额利润的能力(Lerner,1934),

是一国影响贸易价格能力大小的直接体现（徐建中 等，2018）。市场势力的研究范式大致可分为两类。一是传统结构主义研究范式，即通过直接量化商品边际成本，测算市场价格与其边际成本的偏离率进行测定。或是借助市场集中度、市场份额、赫芬达尔指数等市场结构指标来反映市场势力（Lerner，1934；Bain，1956）。其中，市场份额是反映市场势力最常用的指标，如在反垄断法案中常常根据市场份额的大小判定厂商左右市场能力的情况。二是新经验产业组织理论范式，认为边际成本模型缺乏一定的微观理论基础，相关数据难以获取，并且市场份额、市场集中度等指标也难以准确反映市场势力。因此，众多学者开始尝试通过建立计量经济学模型从侧面反映市场势力。剩余需求弹性模型（RDE）最早由 Baker 等（1988）提出，他运用商品需求价格弹性、需求交叉弹性构建结构方程对市场势力进行测算。在此基础上，Goldberg 等（1999）提出了只用一个方程就能测算市场势力的 G-K 模型。该模型通过引入汇率、生产成本等外生变量估计剩余需求曲线的斜率，从而间接衡量一国市场势力的大小。

　　当前，G-K 模型已成为国内学者量化中国农产品国际贸易市场势力的主要方法（李晓钟 等，2010；冯玉洁 等，2015；孙致陆，2019）。同时，随着研究的深入，贸易政策、竞争结构等诸多影响市场势力的变量被相继纳入 G-K 模型。陈博文等（2015）将中国推行的"适度进口政策"引入剩余需求弹性模型。研究发现，在特定的环境下重大贸易政策的调整会对出口国的市场势力产生影响。龚谨等（2018）研究发现，中国大麦贸易相关政策的调整会改变澳大利亚等大麦出口国的市场势力，进而对相关国家的议价能力产生影响。李光泗等（2020）将反映国际大豆市场竞争结构的变量引入 G-K 模型，研究发现美国具有较强的市场势力，巴西、阿根廷市场份额的增加并未影响美国的话语权。

### 4.2.2 模型构建、数据来源与描述性分析

#### 4.2.2.1 理论模型构建

假定某国有一组出口厂商向某一海外市场出口某种同类商品，$P^{ex}$是该商品的出口价格（用出口目的地货币表示），$Q^{ex}$为向该市场出口的总量，$P^1$，$\cdots$，$P^n$是其他国家厂商生产并出口至同一目的地的竞争产品的价格（用出口目的地货币表示），$Z$是目的地自身需求变量。该组出口商与其他国家竞争厂商的需求函数可写为：

$$p^{ex} = D^{ex}(Q^{ex}, p^1, \cdots, p^n, Z) \tag{4-4}$$

$$p^k = D^k(Q^k, p^j, p^{ex}, Z)，其中，j=1，\cdots，n，且 j \neq k \tag{4-5}$$

对于具体海外市场，出口厂商 $i$ 利润最大化的条件为：

$$\max \pi_i = p^{ex} q_i^{ex} - e C_i^{ex} \tag{4-6}$$

式（4-6）中，$q_i^{ex}$为出口数量，$e$为两国汇率，$C_i^{ex}$为生产成本，根据利润最大化一阶条件可知：

$$p^{ex} = eMC_i^{ex} - q_i^{ex} D_1^{ex}(1 + \sum_{j \neq k} \frac{\partial q_j^{ex}}{\partial q_i^{ex}}) \times (1 + \sum_{j \neq k} \frac{\partial D_i^{ex}}{\partial q^k} \times \frac{\partial D^k}{\partial p^{ex}}) \tag{4-7}$$

式（4-7）中，$MC_i^{ex}$是边际成本，$D_1^{ex}$是需求函数（4-4）的一阶偏导数。$1 + \sum_{j \neq k} \frac{\partial q_j^{ex}}{\partial q_i^{ex}}$表示出口国内部出口厂商之间的竞争行为，下文以$\theta_i$代替，$1 + \sum_{j \neq k} \frac{\partial D_i^{ex}}{\partial q^k} \times \frac{\partial D^k}{\partial p^{ex}}$表示出口厂商与竞争国厂商之间的相互竞争行为，下文以$\phi$代替；因此，式（4-7）可写为：

$$p^{ex} = e \times MC_i^{ex} - q_i^{ex} \times D_i^{ex} \times \phi \times \theta \tag{4-8}$$

假设 $s_i$ 表示出口商 $i$ 的出口市场份额，用 $s_i$ 乘以式（4-8），并对所有厂商进行加总，则有：

$$\sum_i s_i \times p^{ex} = \sum_i s_i \times e \times MC_i^{ex} - \sum_i s_i \times q_i^{ex} \times D_i^{ex} \times \phi \times \theta_i \quad (4\text{-}9)$$

由于 $\sum_i s_i = 1$，$q_i^{ex} = s_i \times Q^{ex}$ 且 $MC^{ex} = \sum_i s_i \times MC_i^{ex}$，所以式（4-9）可以改写为市场层面的形式：

$$p^{ex} = e \times MC^{ex} - Q^{ex} \times D_i^{ex} \times \phi \times \theta_i; \quad 其中, \quad \theta = \sum s_i^2 \times \theta \quad (4\text{-}10)$$

类似地，对于其他国家的竞争厂商，其实现利润最大化的一阶条件为：

$$p^k = e^k \times MC^k - Q^k \times D_1^k \times v^k, \quad 其中, \quad k = 1, \cdots, n \quad (4\text{-}11)$$

联立式（4-5）和式（4-11），可得一国商品剩余需求曲线：

$$p^k = e^k \times MC^k(Q^k, W^k) - Q^k \times D_1^k(Q^k, p^j, p^{ex}, Z) \times v^k \quad (4\text{-}12)$$

式（4-12）中，$W^k$ 代表厂商的成本转换变量。令 $W^N$ 表示所有厂商转换成本（去除出口厂商）的集合，$v^k$ 表示 $k = 1, \cdots, n$ 时竞争者行为参数的集合，则有：

$$p^k = p^{k^*}(Q^{ex}, W^N, Z, v^N), k = 1, \cdots, n \quad (4\text{-}13)$$

其中，$p^{k^*}$ 表示第 $k$ 个竞争国需求方程的简略形式。为了获得出口国的剩余需求曲线，将式（4-13）代入式（4-4）中，得到：

$$p^{ex} = D^{ex}\left[Q^{ex}, p^{1^*}(\times), \cdots, p^{n^*}(\times), Z\right] = D^{res,ex}(Q^{ex}, W^N, Z, v^N) \quad (4\text{-}14)$$

由式（4-14）可知，影响出口国剩余需求曲线的因素为出口国的出口量、市场自身需求变量和其他竞争国的成本转换变量。对式（4-14）两边同时取对数，则可以直接获得出口国剩余需求的弹性系数：

$$\operatorname{Ln} p_{mt}^{ex} = \lambda_m + \eta_m \times \operatorname{Ln} Q_{mt}^{ex} + \alpha_m \times \operatorname{Ln} Z_{mt} + \beta_m \times \operatorname{Ln} W_{mt}^n + \varepsilon_{mt}$$

（4-15）

式（4-15）中，下标 $m$ 为进口国，$t$ 为年份，$\lambda_m$ 为常数项，$\varepsilon_{mt}$ 为随机干扰项，$\eta_m$ 为剩余需求弹性，即市场势力的量化指标，$\eta_m$ 预期符号为负，绝对值越大，则代表市场势力越强。$\alpha_m$ 和 $\beta_m$ 分别表示出口目的地自身市场需求与竞争者成本对出口价格的影响程度。

#### 4.2.2.2 实证模型构建

结合本研究需要，同时参照李光泗等（2020）的研究，将市场份额、贸易政策，以及贸易政策与出口量、市场份额与出口量的交互项等变量纳入 G-K 模型，构造如下计量模型：

$$\begin{aligned}\operatorname{Ln} P_t^k = & c + \eta \times \operatorname{Ln} Q_t^k + \varphi_1 \times \operatorname{Ln} CPI_t + \varphi_2 \times \operatorname{Ln} BEER_t + \varphi_3 \\ & \times \sum \operatorname{Ln} e_t^k + \varphi_4 \times \operatorname{Ln} P_t^e + \varphi_5 \times T + \varphi_6 \times T \times \operatorname{Ln} Q_t^k + \varphi_6 \times S_{ck} + \varphi_7 \times S_{ck} \\ & \times \operatorname{Ln} Q_t^k + \varphi_8 \times \operatorname{Ln} P_t^o + \varphi_9 \times D + \varepsilon \end{aligned}$$

（4-16）

式（4-16）中，$P^k$ 表示 $k$ 国出口中国的大麦价格，$Q^k$ 表示 $k$ 国出口中国的大麦数量；$CPI$、$BEER$ 分别表示中国 CPI 和啤酒产量，用于反映中国市场的大麦需求；$e^k$ 为 $k$ 国货币兑换人民币的汇率，出口国常通过调整汇率影响其商品价格（Goldberg et al., 1999），进而汇率可代表出口竞争国间的成本转换矢量；$S_{ck}$ 为市场份额变量，表示 $k$ 国在中国大麦进口市场上的份额；$T$ 表示"双反"政策虚拟变量。同时，考虑到金融因素、原油价格和新型冠状病毒疫情对大麦进口价格的影响，本章还对中国大麦期货价格（$P_t^e$）、原油价格（$P_t^o$）和疫情持续时间（$D$）进行了控制；$\eta$ 为不同国家进口大麦在中国进口市场的剩余需求弹性，$\varphi_i$ 为待估参数，$\varepsilon$ 为随机扰动项。

#### 4.2.2.3 数据来源

本章以中国主要的大麦进口来源国——澳大利亚、加拿大和法国作为研究对象，基于 2015 年 1 月—2021 年 6 月的月度数据展开分析。各国出口中国大麦数量、出口价格来自中国海关数据库。为降低月度极端值的影响，选择连续 3 个月的平均值替代月度出口量。以中国的啤酒产量和消费者价格指数作为衡量国内大麦需求的变量，数据来自国家统计局；3 个国家货币汇率数据、大麦期货价格来自布瑞克数据库；贸易双方市场份额来自 UN Comtrade 数据库；将中澳贸易摩擦存续期设置为 $T=1$，否则为 $T=0$，根据中澳"双反"实施情况，设置 2020 年 5 月至 2020 年 11 月 $T=1$，其余时段 $T=0$；原油价格来自美国能源信息管理局（U.S.Energy Information Administration，EIA）；根据新型冠状病毒疫情存续情况，设置 2019 年 12 月—2021 年 6 月 $D=1$，其余时段 $D=0$。

#### 4.2.2.4 描述性分析

随着近年来中国消费结构的升级以及畜牧业的蓬勃发展，国内大麦进口需求呈刚性增长。根据 UN Comtrade 数据库数据统计，2010—2020 年中国大麦进口量年均增长率高达 16.11%。尤其是自 2015 年中国对澳大利亚进口大麦实施"零关税"政策以来，中国大麦进口量飙升，当年进口量达到 1 073.25 万 t 的历史峰值。2020 年，中国大麦进口量为 807.95 万 t，占全球大麦进口量的 39.38%，位居全球首位。

中国大麦进口来源高度集中于澳大利亚、加拿大、法国，存在 3 国寡头垄断的贸易格局。根据 UN Comtrade 数据库数据统计，2001—2018 年中国自以上 3 个国家的大麦进口量平均占总进口量的 63.76%、19.17%、13.61%，合计高达 95% 以上（表 4-2）。中国对澳大利亚征收"双反"关税后，与 2017 年相比，澳大利亚大麦的市场份额由 73.11% 下降为 18.46%；加拿大和法国的市场份额则有明显提升，加拿大、法国大麦的市场份额分别由 15.33%、2.51% 上升为 24.98%、21.77%。

表4-2　2001—2020年澳、加、法大麦在中国大麦进口中的市场份额情况

单位：%

| 年份 | 澳大利亚 | 加拿大 | 法国 | 年份 | 澳大利亚 | 加拿大 | 法国 |
| --- | --- | --- | --- | --- | --- | --- | --- |
| 2001 | 54.56 | 26.98 | 15.51 | 2011 | 70.68 | 5.84 | 13.48 |
| 2002 | 79.31 | 12.19 | 8.5 | 2012 | 82.22 | 12.41 | 0.91 |
| 2003 | 46.35 | 4.89 | 44.76 | 2013 | 75.34 | 16.14 | 5.71 |
| 2004 | 74.56 | 25.25 | 0 | 2014 | 71.53 | 10.34 | 14.12 |
| 2005 | 53.23 | 32.35 | 13.62 | 2015 | 40.54 | 9.71 | 41.20 |
| 2006 | 77.76 | 21.54 | 0.69 | 2016 | 61.29 | 19.71 | 12.88 |
| 2007 | 52.58 | 38.72 | 8.7 | 2017 | 73.11 | 15.33 | 2.51 |
| 2008 | 68.12 | 20.36 | 7.55 | 2018 | 61.31 | 24.65 | 9.69 |
| 2009 | 47.53 | 28.22 | 23.95 | 2019 | 39.06 | 24.62 | 19.95 |
| 2010 | 57.53 | 20.47 | 21.22 | 2020 | 18.46 | 24.98 | 21.77 |

数据来源：UN Comtrade 数据库。

随着中国大麦进口需求的不断增长，中国逐渐成为全球最大的大麦进口国。同时，也成了澳大利亚、加拿大、法国大麦的主要出口市场（图4-2）。2014年以后，澳大利亚、法国、加拿大对中国大麦的出口比例明显增长。根据 UN Comtrade 数据库数据统计，2014—2019年，澳大利亚、加拿大和法国对中国大麦出口量平均占其总出口量的 70.86%、64.62% 和 19.03%。澳大利亚和加拿大作为中国高端啤麦的进口来源地，绝大部分大麦出口至中国。2020 年中国对澳大利亚大麦实施"双反"政策后，澳大利亚大麦出口中国的比例下降为

34.47%，加拿大、法国出口中国的比例则分别增长为 73.65%、29.51%。

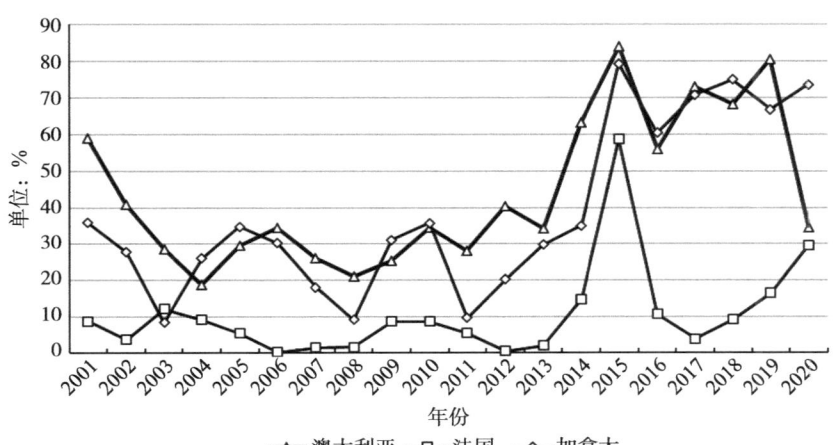

图 4-2　2001—2020 年澳大利亚、加拿大、法国出口中国大麦数量占各国总出口量比例的变化趋势

数据来源：UN Comtrade 数据库。

综合以上分析可以看出，中国大麦进口规模较大，进口来源结构高度集中于澳大利亚、加拿大和法国。与此同时，中国在加拿大、澳大利亚大麦的出口市场中也占据较大的市场份额，是其大麦主要出口国。中国与世界主要大麦出口国存在较强的相互依赖关系，难以通过市场份额的对比，判断出各国市场势力及中国面临的价格风险情况。因此，有必要运用相关模型做进一步量化分析。

### 4.2.3　实证分析

#### 4.2.3.1　协整检验

为准确分析相关变量间的内在关系，首先，需要检验各变量序列的平稳情况及各变量之间的协整关系。运用 ADF 检验判断各时间序列的平稳性，检验结果显示（表4-3），所有变量的原序列均未能通过10%显著性水平下的ADF检验，一阶差分后所有变量均在10%显著性水平下显著，表明上述变量皆为一阶单整，可进行协整检验。

表4-3 ADF检验结果

| 变量 | | ADF统计量 | 结果 | 变量 | | ADF统计量 | 结果 |
|---|---|---|---|---|---|---|---|
| 澳大利亚大麦出口价格 | $LnP^a$ | −1.616 1 | I(1) | 大麦期货价格 | $LnP^e$ | −1.218 1 | I(1) |
| | $dLnP^a$ | −7.266 7*** | | | $dLnP^e$ | −7.410 1*** | |
| 加拿大大麦出口价格 | $LnP^c$ | −0.143 6 | I(1) | 原油价格 | $LnP^o$ | 0.075 3 | I(1) |
| | $dLnP^c$ | −8.988 2*** | | | $dLnP^o$ | −6.643 5*** | |
| 法国大麦出口价格 | $LnP^w$ | −3.097 7 | I(1) | 中欧货币汇率 | $Lne^{fc}$ | −2.694 6 | I(1) |
| | $dLnP^w$ | −7.733 9*** | | | $dLne^{fc}$ | −11.530 4** | |
| 澳大利亚大麦出口量 | $LnQ^a$ | 0.245 2 | I(1) | 中澳货币汇率 | $Lne^{ac}$ | −0.103 6 | I(1) |
| | $dLnQ^a$ | −3.362 2* | | | $dLne^{ac}$ | −9.145 4*** | |
| 加拿大大麦出口量 | $LnQ^c$ | 0.475 3 | I(1) | 中加货币汇率 | $Lne^{cc}$ | 0.236 2 | I(1) |
| | $dLnQ^c$ | −7.215 8*** | | | $dLne^{cc}$ | −9.400 7*** | |
| 法国大麦出口量 | $LnQ^w$ | −2.013 3 | I(1) | 澳大利亚市场份额 | $LnS_{ca}$ | −2.942 9 | I(1) |
| | $dLnQ^w$ | −5.673 1*** | | | $LndS_{ca}$ | −5.789 2*** | |
| 中国消费物价指数 | $LnCPI$ | −1.923 5 | I(1) | 加拿大市场份额 | $LnS_{cc}$ | −2.907 9 | I(1) |
| | $dLnCPI$ | −7.696 7*** | | | $LndS_{cc}$ | −5.369 4*** | |
| 中国啤酒产量 | $LnQ^b$ | −0.510 7 | I(1) | 法国市场份额 | $LnS_{cf}$ | −2.004 4 | I(1) |
| | $dLnQ^b$ | −7.385 8*** | | | $LndS_{cf}$ | −5.181 1*** | |

数据来源：出口价格、出口量均来自UN Comtrade数据库，中国消费物价指数、啤酒产量来自国家统计局，大麦期货价格来自芝加哥商品交易所，原油价格来自IEA，汇率来自世界银行。

注：***、**、*分别表示估计参数在1%、5%和10%显著性水平下显著。

进一步利用 Johansen 协整检验对 3 个剩余需求弹性模型中各个变量之间的协整关系进行检验。检验结果显示（表4-4），在5%显著性水平下，进口价格、进口量、月度啤酒产量、CPI、汇率、期货价格、原油价格以及市场份额等变量之间均至少存在1个协整方程，即存在协整关系。

表4-4 Johansen 协整检验结果

| 方程 | 原假设 | 特征值 | 迹统计量 | 5%临界值 | $P$ 值 |
| --- | --- | --- | --- | --- | --- |
| 澳大利亚 | 0个协整方程 | 0.6678 | 268.4617 | 197.3709 | 0.0000 |
| | 至少1个协整方程 | 0.5722 | 194.6121 | 159.5297 | 0.0002 |
| 加拿大 | 0个协整方程 | 0.6869 | 338.6727 | 239.2354 | 0.0000 |
| | 至少1个协整方程 | 0.7132 | 295.4032 | 197.3709 | 0.0000 |
| 法国 | 0个协整方程 | 0.5436 | 211.7288 | 159.5297 | 0.0000 |
| | 至少1个协整方程 | 0.6297 | 176.1040 | 159.5297 | 0.0045 |

#### 4.2.3.2 弱工具变量检验

考虑到一国大麦出口中国价格与其占中国大麦进口市场份额间可能存在相互影响，从而导致内生性问题。本研究将中国大麦进口量占全球大麦进口量的比例作为市场份额的工具变量，运用两阶段最小二乘法（2SLS），分别对澳大利亚、加拿大和法国在中国大麦进口市场上的市场势力进行估计。选择上述工具变量的原因在于，中国大麦进口量占全球大麦进口量的比例的增加势必带来中国大麦主要进口来源国市场份额的增加，但是这与各主要国家大麦出口价格无直接关联。

由于工具变量与内生变量相关性的强弱程度会影响模型估计的

结果,所以在使用2SLS方法时,需要报告第一阶段的$F$统计值,若该值大于10则表明不存在弱工具变量问题,回归结果无偏。对"中国大麦进口量占全球大麦进口量的比例"进行弱工具变量检验,结果显示(表4-5),3个方程的$F$统计量均远大于10,且$F$统计量的$P$值为0.00。同时,最小特征值均大于"真实性水平"15%对应的临界值,进而拒绝弱工具变量的原假设。

表4-5 弱工具变量检验结果

| 第一阶段回归统计 | | | |
|---|---|---|---|
| | 澳大利亚 | 加拿大 | 法国 |
| $R^2$ | 0.988 2 | 0.985 6 | 0.996 9 |
| 调整的$R^2$ | 0.985 8 | 0.982 6 | 0.996 2 |
| 偏$R^2$ | 0.720 8 | 0.558 1 | 0.826 4 |
| $F$值 | 147.172 | 71.995 9 | 242.782 |
| $P>F$ | 0.000 0 | 0.000 0 | 0.000 0 |
| 偏$R^2$与最小特征值统计量 | | | |
| | 澳大利亚 | 加拿大 | 法国 |
| 偏$R^2$ | 0.720 8 | 0.558 1 | 0.826 4 |
| 调整的偏$R^2$ | 0.667 9 | 0.474 3 | 0.789 7 |
| $F$值 | 147.172 0 | 71.995 9 | 242.782 0 |
| | 10% | 15% | 20% | 25% |
| 5%名义水平下两阶段最小二乘法沃尔德检验 | 16.380 0 | 8.960 0 | 6.660 0 | 5.530 0 |
| 5%名义水平下极大似然法沃尔德检验 | 16.380 0 | 8.960 0 | 6.660 0 | 5.530 0 |

数据来源:Eviews测算结果。

#### 4.2.3.3 回归结果分析

(1)澳大利亚在中国大麦贸易市场的市场势力分析

回归结果显示(表4-6),澳大利亚大麦剩余需求弹性系数在

1%水平下显著为负，但其数值较小，仅为0.10。即澳大利亚对中国出口量每减少1%，大麦出口价格将上升0.10%。表明澳大利亚在中国大麦进口市场上具有微弱的市场势力，难以通过控制贸易量来大幅影响中国自澳大利亚进口大麦的价格。中国啤酒产量的回归系数不显著。消费者物价指数回归系数在5%水平下显著为正，消费者物价指数每增加1%，澳大利亚大麦出口中国价格将上涨2.72%。说明中国大麦需求的增长是引起价格上涨的主要原因。

表4-6 剩余需求弹性模型检验结果

| 变量 | 澳大利亚 | | | 加拿大 | | | 法国 | | |
|---|---|---|---|---|---|---|---|---|---|
| | 系数 | T检验 | P值 | 系数 | T检验 | P值 | 系数 | T检验 | P值 |
| $LnQ$ | -0.103 5*** | -3.83 | 0.000 | -0.224 6* | -1.87 | 0.062 | -0.247 3 | -1.55 | 0.122 |
| $LnBEER$ | 0.014 5 | 0.52 | 0.600 | 0.132 6*** | 3.29 | 0.001 | 0.401 3*** | 2.80 | 0.005 |
| $LnCPI$ | 2.724 9** | 2.00 | 0.046 | 1.244 6 | 0.58 | 0.564 | -12.536 7 | -1.57 | 0.117 |
| $Lne^{ca}$ | — | — | — | 0.376 5 | 0.83 | 0.404 | -2.498 3 | -1.05 | 0.296 |
| $Lne^{cc}$ | -0.367 1 | -1.24 | 0.215 | — | — | — | 1.274 8 | 0.56 | 0.576 |
| $Lne^{cf}$ | -1.712 6*** | -7.63 | 0.000 | -1.574 5*** | -4.22 | 0.000 | — | — | — |
| $T$ | 0.108 3 | 0.99 | 0.322 | -0.733 2*** | -2.85 | 0.004 | -1.383 7** | -2.41 | 0.016 |
| $T^*LnQ$ | -0.045 | -1.37 | 0.169 | 0.292 7*** | 2.89 | 0.004 | 0.401 5** | 2.15 | 0.032 |
| $lnS_{ck}$ | 0.076 6** | 2.12 | 0.034 | 0.162 2 | 1.28 | 0.200 | 0.351 4** | 2.15 | 0.031 |
| $lnS_{ck}^*LnQ$ | -0.006 9 | -0.74 | 0.461 | -0.018 1 | -0.36 | 0.717 | -0.204* | -1.76 | 0.079 |
| $LnP^e$ | 0.441 6*** | 12.01 | 0.000 | 0.148 0* | 2.00 | 0.046 | 1.274 9*** | 3.73 | 0.000 |
| $LnP^o$ | 0.022 1 | 0.47 | 0.640 | 0.083 2 | 1.02 | 0.307 | -0.683 3* | -1.87 | 0.061 |
| $D$ | 0.070 8* | 1.73 | 0.083 | 0.011 5 | 0.16 | 0.870 | 0.194 6 | 0.76 | 0.445 |
| 截距 | -5.271 8 | -0.85 | 0.396 | 1.234 5 | 0.12 | 0.902 | 59.572 6 | 1.61 | 0.107 |
| $R^2$ | 0.884 5 | | | 0.548 8 | | | 0.782 4 | | |
| Wald | 536.760 0 | | | 86.830 0 | | | 224.600 0 | | |

注：*、**、***分别表示在10%、5%、1%的置信水平下显著；$R^2$为模型拟合度，Wald为模型怀特检验结果。

中欧汇率对澳大利亚大麦出口中国的价格在 1% 水平下存在显著的负向影响，而中加汇率对此无显著影响。这表明中国从法国进口大麦成本的变化会对澳大利亚大麦出口价格产生影响，然而自加拿大进口大麦成本的变化则难以产生类似影响。可能的原因在于，加拿大是中国主要的啤酒大麦进口来源地，进口量较为稳定。但是，法国啤酒大麦的质量相对较差，仅作为啤酒大麦的补充进口，因此法国贸易成本稍有变化便会引起贸易量的转移。"双反"政策与大麦进口量的交互项对澳大利亚大麦出口价格无显著影响，可能的原因是 2020 年 11 月中国商务部宣布暂时中止自澳大利亚进口包括大麦在内的 7 种大宗商品，当前样本难以体现"双反"政策的作用效果。澳大利亚占中国大麦进口的市场份额对大麦出口价格在 5% 水平下具有显著的正向影响，澳大利亚市场份额每增加 1%，大麦出口价格将上涨 0.08%。但市场份额与大麦出口量的交互项的回归系数不显著，这表明澳大利亚市场份额的提升对出口价格的影响程度较小，其并不能借此增强市场势力。可能的原因是中澳双方存在高度的相互依赖关系。澳大利亚是中国最大的大麦进口来源国，同时中国也是澳大利亚最大的大麦销售市场，这种相互依赖关系抑制了澳大利亚市场势力的提升。在其他控制变量中，大麦期货价格、国际原油价格和新冠疫情变量对大麦出口价格均具有显著的正向影响。

（2）加拿大在中国大麦贸易市场的市场势力分析

回归结果显示（表 4-6），加拿大大麦剩余需求弹性系数在 10% 水平下显著为负（$\eta=-0.23$）。即加拿大对中国出口量每减少 1%，加拿大大麦的出口价格将上升 0.23%。这表明加拿大在中国大麦进口市场上具有一定的市场势力。从需求变量来看，中国啤酒产量回归系数在 1% 水平下显著为正，啤酒产量每增长 1%，加拿大大麦出口价格将增长 0.13%。而消费者价格指数的回归系数不显著。表明中国啤酒产能增长也是引起加拿大大麦出口价格上涨的重要原因。

中欧汇率对加拿大大麦出口价格在1%水平下存在显著的负向影响,中澳汇率对此无显著影响。这表明中国从法国进口大麦成本的变化会对加拿大大麦出口价格产生影响,而从澳大利亚进口大麦成本的变化难以对加拿大出口价格产生影响。"双反"政策回归系数在1%水平下显著为负,其与出口量的交互项对大麦出口价格在1%水平下显著为正。表明"双反"政策有效抑制了加拿大大麦出口价格的上涨,并削弱了其市场势力。可能的原因是中国对澳大利亚征收"双反"关税后,增加了自乌克兰、阿根廷等国家的进口,进口来源多样化一定程度上降低了对原有进口国的依赖。加拿大占中国大麦进口的市场份额,及其与大麦出口量的交互项均未能对大麦出口价格产生显著影响。表明加拿大的市场势力难以随市场份额的扩大而增强。可能的原因是中加双方存在较强的相互依赖关系,加拿大是中国主要的大麦进口来源国,同时中国也是加拿大最大的大麦销售市场,这种相互依赖关系削弱了加拿大的市场势力。控制变量中,原油价格与加拿大大麦出口中国价格呈正相关;期货价格、新冠疫情变量对此不具有显著影响。

(3)法国在中国大麦贸易市场的市场势力分析

回归结果显示(表4-6),法国大麦出口量对出口价格没有显著影响,表明法国在中国大麦进口市场上不具有市场势力,无法通过控制大麦出口量影响大麦贸易价格。从需求变量来看,中国啤酒产量与法国大麦出口价格在1%的水平下显著相关,中国啤酒产量增加1%,法国大麦出口价格上涨0.40%。而消费者价格指数的回归系数不显著。表明法国大麦出口价格的上涨主要归因于中国啤酒产量的增长。根据国内啤酒生产企业反映,法国大麦的浸出率较低,高端啤麦主要来源于澳大利亚和加拿大,法国大麦仅作为补充进口,这可能是导致法国大麦不具有市场势力的原因。

中加汇率、中澳汇率对法国大麦出口价格均无显著影响。"双反"政策回归系数在1%水平下显著为负，其与出口量的交互项对大麦出口价格在1%水平下显著为正。表明"双反"政策有效抑制了法国大麦出口中国价格的上涨，并削弱了其市场势力。主要原因是中国对澳大利亚实施"双反"政策后，中国拓宽了进口来源，在一定程度上降低了对原有进口国的依赖。法国占中国大麦进口市场份额的回归系数在5%水平下显著为正，而其与大麦出口量的交互项的回归系数在10%水平下显著为负。表明法国市场份额的提升不仅会带来法国大麦出口价格的增长，还会增强其市场势力，意味着进一步增加法国大麦的市场份额，可能使中国面临进口价格大幅上涨的潜在风险。造成这一现象的原因可能是，中国自法国进口大麦的数量相对较小，而法国对中国的大麦出口量不及其总出口量的1/10，两国间未形成明显的相互依赖关系，进而随着市场份额的提升，法国在中国大麦进口中的市场势力会在一定程度上得到提升。在控制变量中，大麦期货价格、原油价格分别对法国大麦出口中国的价格具有显著正向、负向影响，而新冠疫情变量对此无显著影响。

（4）引起中国大麦进口价格风险的成因分析

中国大麦进口市场势力测算结果显示，法国在中国大麦进口市场中不具有明显的市场势力。澳大利亚、加拿大在中国大麦进口市场上具有一定的市场势力，但是，澳大利亚、加拿大与中国存在较强的相互依赖关系，在一定程度上削弱了其对大麦出口价格的影响力。尤其在中澳贸易摩擦产生后，贸易结构由澳大利亚、加拿大和法国三国构成的寡头垄断结构逐步转变为竞争性结构，由此进一步削弱其市场势力。即上述国家难以通过控制大麦出口量，大幅推高中国大麦进口价格。近年中国大麦需求的快速增长，以及国内生产的严重不足是引起中国大麦进口价格面临大幅上涨风险的主要原因。值得注意的是，法国占中国大麦进口市场份额的提升将促使其大麦出口价格上涨，并强化其市场势力。这意味着中国若不能开发、利用新兴大麦出口市场，有效控制法国市场份额的增长，可能加剧大麦进口价格风险。

## 4.3 本章小结

基于 2015 年 1 月—2021 年 6 月的月度数据，首先，通过测算大麦进口数量变化引起进口价格变化的程度，评价了中国大麦进口价格风险情况；其次，基于市场势力视角，从理论和实证两方面分析了引起中国大麦进口价格风险的成因。得出以下主要结论：一是中国大麦进口面临较小的价格风险。2015 年 1 月—2021 年 6 月，有 14 个月存在"中国大麦进口价格随其进口量大幅增长"的情况，仅占全部样本总数的 18.18%，但叠加中国大麦进口量频繁、大幅波动的影响，价格风险仍可能引致巨大的经济损失。二是中国大麦消费需求的持续增长是造成价格风险的主要原因。中国大麦进口市场势力测算结果显示，法国在中国大麦进口市场上不具有明显的市场势力；澳大利亚、加拿大在中国大麦进口市场上具有一定的市场势力，但难以通过控制大麦出口量，大幅推高中国大麦进口价格。近年中国大麦需求的快速增长，以及国内生产的严重不足是引起中国大麦进口价格风险的主要原因。值得注意的是，中国若不能及时开拓新兴大麦出口市场来抑制法国市场份额的增长，将加剧进口价格大幅上涨的风险。

# 5 中国大麦进口数量风险评价与成因分析

首先，本章基于 1995—2020 年的中国大麦进口数据，利用 HP 滤波法求解中国大麦进口长期趋势值，分析其与实际进口量的关系，判断中国大麦进口数量风险；其次，利用 CMS 模型对中国大麦进口数量风险的影响因素进行分析。

## 5.1 中国大麦进口数量风险评价

根据 UN Comtrade 数据库数据统计，2020 年中国大麦消费量为 897.95 万 t，其中 89.98% 来源于国际大麦市场。国际大麦市场的充足、稳定供给已成为满足国内大麦消费需求的重要部分。随着中国社会经济的稳定发展，大麦饲用需求、加工需求稳步增加，但大麦进口数量常呈现出大起大落的变动特征，且愈演愈烈。这种大麦供需变动特征的不匹配将威胁到中国大麦市场的稳定运行，进口量过多时会大幅压低大麦市场价格，对国内大麦生产造成冲击；进口量过少时，则会大幅抬高国内大麦市场价格，致使消费需求难以得到满足。基于上述分析，本研究依据大麦实际进口量与进口长期趋势值的关系进行大麦进口数量风险评价。

### 5.1.1 评价方法

本研究选择 HP 滤波法求解中国大麦进口长期趋势值，分析其与实际进口量的关系，最终判断中国大麦进口数量风险。Hodrick Prescott 首次提出 HP 滤波法，并测度了美国经济波动的周期性特征。在此之后该方法在经济周期相关研究中得到广泛应用。该方法将波动的时间序列分解为趋势项和随机扰动项，进而能够反映出某一经济时间序列对其长期趋势的偏离幅度，恰好满足评价中国大麦进口数量风险的需要。计算公式如下：

## 5 中国大麦进口数量风险评价与成因分析

大麦进口数量风险系数（$W_t$）：

$$W_t = \frac{IBQ_t}{IBQ_t^t} \qquad (5-1)$$

上式中，$IBQ_t$ 为 $t$ 期大麦实际进口量，$IBQ_t^t$ 为 $t$ 期大麦进口长期趋势值。大麦进口数量风险系数（$W_t$）临界值的设定方面，粮食作物等重要农产品常基于国家粮食安全视角设定自给率下限。与粮食等重要农产品不同，大麦消费并非刚需，进而不宜从国家层面进行风险判断，而应当基于大麦产业视角进行风险判断。据对相关啤酒企业的调研，当大麦进口量较正常情况减少20%时，将难以购置足够的大麦进行啤酒生产，同时因成本上涨，生产经营将面临一定的困难。据此，本研究将大麦进口数量风险系数小于0.8或大于1.2时，设定为存在进口数量风险，此时大麦进口数量难以有效匹配国内市场对大麦消费的需求。

大麦进口长期趋势值（$IBQ_t^t$）：

$$\min\left\{\sum_{t=1}^{n}(IBQ_t - IBQ_t^t)^2 + \lambda \sum_{t=1}^{n}\left[(IBQ_{t+1} - IBQ_t^t)^2 - (IBQ_t - IBQ_{t-1}^t)^2\right]\right\}$$

$$(5-2)$$

上式中，$\lambda$ 为平滑参数，当 $\lambda$ 取值为 0 时，时间序列不存在波动项。一般而言，$\lambda$ 取值主要与时间序列类型相关，分析年度数据、季度数据、月度数据时，分别赋值为 100、1600、14 400。

考虑到1995年之前中国大麦进口数量较少，且波动幅度较小，故本节仅对1995—2020年中国大麦进口情况运用HP滤波法进行求解。

## 5.1.2 评价结果

HP滤波法分解结果显示（表5-1），1995—2020年中国大麦进口仅有10年处于无进口数量风险的状态，占全部样本数的28.46%，而在大部分年份实际进口量均远大于（小于）进口长期趋势值，表明中国大麦进口存在较大的数量风险。

表5-1 中国大麦进口数量风险情况

| 序号 | 项目 | 数值 |
| --- | --- | --- |
| 1 | 样本容量 | 26 |
| 2 | 存在数量风险样本数 | 16 |
| 3 | 占样本容量的比重 | 61.54% |
| 4 | 不存在数量风险样本数 | 10 |
| 5 | 占样本容量的比重 | 28.46% |

数据来源：UN Comtrade数据库。

分阶段而言（图5-1），1995—2020年中国大麦进口实际值与长期趋势值的偏离情况发生了4次转换，由此可划分出5个贸易阶段：第一阶段为1995—1998年，该阶段实际进口量与趋势值基本保持一致，偏离幅度较小，这一阶段的大麦进口数量风险系数（$W_t$）为0.95，不存在进口数量风险。第二阶段为1999—2006年，该阶段实际进口量略高于趋势值，大麦进口数量风险系数（$W_t$）为1.25，表明这一阶段存在一定的进口数量风险。第三阶段为2007—2013年，该阶段波动方向较上一阶段发生了明显的变化，实际进口量从上一阶段的过量转变为不足，且偏离幅度进一步增大，大麦进口数量风险系数（$W_t$）为0.59，表明这一阶段存在较大的进口数量风险，进口量可能难以满足国内大麦市场的需求。第四阶段为2014—

2017年，该阶段实际进口量快速增长，远超过趋势值的增长，平均偏离幅度为184.85万t，达到1995年以来的最大值，大麦进口数量风险系数（$W_t$）为1.33，表明这一阶段存在较大的进口数量风险。第五阶段为2018—2020年，随着实际进口量的断崖式下滑，该阶段实际进口量再次小于趋势值，但偏离程度较小，大麦进口数量风险系数（$W_t$）为0.92，不存在进口数量风险。

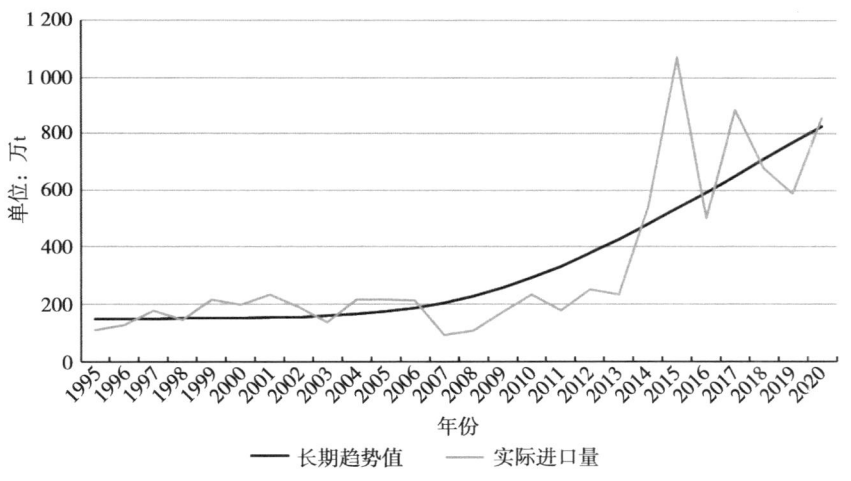

图 5-1　中国大麦进口长期趋势值与实际进口量

数据来源：UN Comtrade 数据库。

从上述分析可以看出，中国大麦进口不仅长期面临着进口数量风险，并且自2013年以来中国大麦实际进口量对长期趋势值偏离方向的转换频率持续加快、偏离幅度持续扩大，数量风险表现出加剧趋势。这对国内大麦的稳定供给和相关产业的持续健康发展带来较大威胁。

## 5.2 中国大麦进口数量风险成因分析

### 5.2.1 理论分析与模型选择

#### 5.2.1.1 理论分析

实际进口量对长期趋势值的偏离是形成进口数量风险的直接原因。由于引起实际进口量与长期趋势值变动的因素各不相同，因此二者变动时常难以一致。

进口长期趋势值是根据进口量变动特征推算出的预期值（朱晶，2000），其变化与社会经济的发展趋势息息相关，是进口需求变化的直接反映。如国内经济规模的扩大、人均收入水平的提高带动国内消费需求增长，且增速明显快于国内供给增长时，长期趋势值便会相应增长。通常情况下，价格信号会引导实际进口量相应增长，但若这种变化未能在国际市场得到及时充分的响应，便会因实际进口量的不足而产生进口数量风险。

实际进口量主要由国际市场规模、进口市场结构，以及进口引力三方面因素共同决定，是贸易供给端情况的反映（郭修平 等，2021）。首先，一定规模的国际市场供应是保障进口国实现充足进口量的重要前提。但由于农业生产在极端自然灾害等不可预期的外部因素的影响下，国际市场规模时常呈现出扩张、收缩的起伏波动（马宏阳 等，2021），进而常造成实际进口量的不足。其次，进口市场结构是影响实际进口量的重要方面。合理的进口市场结构不仅有效分散极端自然灾害等外部冲击的不利影响，还能促进实际进口量的增长。当一国未能及时根据国内外市场供需情况的变化调整进口来源时，尤其是在国内消费需求快速增长时，若不能及时增加进口来源，充分利用新兴出口市场，便可能导致实际进口量对长期趋势值的偏离（钟钰 等，2005）。最后，进口引力是一国国内市场供需缺口的直观体现，其大小直接决定一国实际进口量（胡友 等，2014），这是推动实际进口量向进口长期趋势值趋近的重要动力。但在实际贸易过程中，进口引力直接受到主要贸易国间的进口价差、贸易政策等外部因素影响，其效应时常难以得到完全发挥，由此可能引起实际进口量的不足或过量。因此，本研究构造如下分析框架（图5-2），从实际进口量与长期趋势值变动两个层面系统分析影响中国大麦进口数量风险的因素。

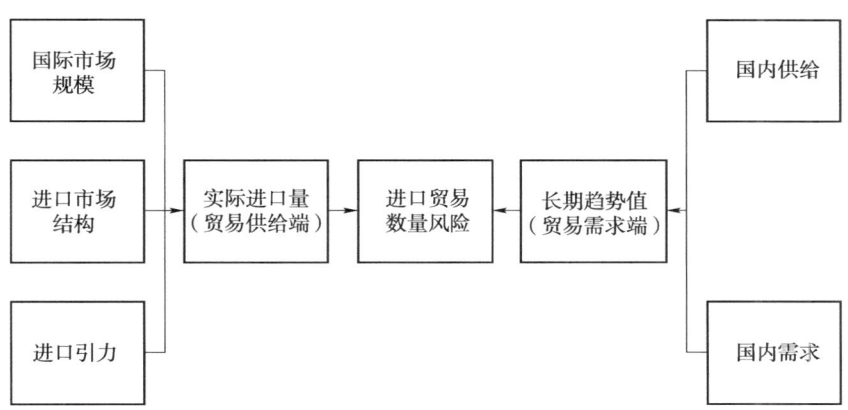

图5-2 中国大麦进口数量风险分析框架

### 5.2.1.2 模型选择

基于前文理论分析，本研究通过分别测算长期趋势值与实际进口量的变化情况，探究引起中国大麦进口数量风险的缘由。对于长期趋势值变动成因的分析依赖国内大麦供需变动情况，对于实际进口量变动成因的分析依赖CMS模型展开。

CMS模型最初由Tyszynski（1951）提出，其认为一国产品在国际市场中的份额变化一定是由竞争力变化所导致，并且将市场需求和市场结构因素从竞争力因素中分解出来，作为独立的变量予以量化和比较，进而能够较为全面地揭示贸易波动的原因。之后多位专家根据研究需要，对该模型进行了相应调整（Jepma，1986）。随着 CMS 运用的不断深化，大量学者不仅运用该模型对中国农产品出口贸易波动进行了分析，还将研究对象延展至了中国农产品进口波动以及国际竞争力分析当中（赵亮 等，2012；李靓 等，2015；卢艳平 等，2019）。

### 5.2.2 模型构建、数据来源与说明

#### 5.2.2.1 模型构建

根据田聪颖等（2015）、王溶花等（2015）的研究，将大麦实际进口量变化量（$\Delta IBQ_t$）按照以下公式展开：

$$\Delta IBQ_t = IBQ_t - IBQ_{t-1} = \sum_{i=1}^{m}\sum_{j=1}^{n}(IBQ_{ijt} - IBQ_{ijt-1})$$

$$= rIBQ_{t-1} + \sum_{i=1}^{m}(r_i - r)IBQ_{it-1} + \sum_{i=1}^{m}\sum_{j=1}^{n}(r_{ij} - r_i)IBQ_{ijt-1}$$

$$+ \sum_{i=1}^{m}\sum_{j=1}^{n}(IBQ_{t-1} - IBQ_{ijt-1} - r_{ij}IBQ_{ijt-1}) \quad (5-3)$$

式（5-3）中，$i$ 代表进口的不同商品类别，$m$ 代表进口商品的类别总数；$j$ 代表进口的来源国家，$n$ 代表进口来源国家的总数。$IBQ_{ijt}$ 为 $t$ 期间研究对象从 $j$ 国进口 $i$ 商品的数量，$r$ 为两个时段全球所有商品的出口增长率，$r_i$ 为两个时段 $i$ 商品的全球出口增长率，$r_j$ 为两个时段 $j$ 国出口全部商品的增长率，$r_{ij}$ 为两个时段 $j$ 国出口 $i$ 商品的增长率。

由于本章仅对中国大麦进口情况进行分析，只涉及单一产品，此时有：$r=r_i$，$\sum_{i=1}^{m}(r_i-r)IBQ_{it-1}=0$，进而公式（5-3）可转化为如下方程：

$$\Delta IBQ_t = rIBQ_{t-1} + \sum_{j=1}^{n}(r_j-r)IBQ_{jt-1} + \sum_{j=1}^{n}(IBQ_{jt}-IBQ_{jt-1}-r_jIBQ_{jt-1})$$

（5-4）

式（5-4）中，$IBQ_{t-1}$为$t$-1期中国大麦实际进口量，$IBQ_{jt-1}$为$t$-1期中国从$j$国实际进口大麦量，$r_j$为两个时段$j$国出口大麦增长率，$r$为两个时段全球大麦出口增长率。就上式不同构成部分而言：第一项为市场规模效应，用以表示全球大麦出口增长所引起的中国大麦进口量的变化，若全球大麦出口量增加，则该项为正。第二项为结构效应，用以表示世界大麦出口结构变化所引起的中国大麦进口量的变化，若中国大麦进口主要来源于大麦出口快速增长的市场，则该项为正。第三项为进口引力效应，用以表示从$j$国实际进口量与理论进口量之差，若实际进口大于理论进口则为正数；进口引力效应主要反映一般均衡问题，既涉及价格等市场因素，也涉及外部冲击等非市场因素（钟钰等，2005）。

#### 5.2.2.2　数据来源与说明

本研究数据来源于 UN Comtrade 数据库中1992年编码的 HS1003。基于数据可获得性，本研究仅对1995—2020年中国大麦进口波动特征及影响因素进行分析。

中国大麦主要进口来源国选择。中国大麦进口来源具有明显的阶段性特征（表5-2），根据进口来源地的变化趋势，具体可划分为3个阶段：第一阶段为1995—1999年，中国大麦进口来源主要集中在澳大利亚、法国、加拿大、美国和英国。第二阶段为2000—

2009年，中国从美国、英国进口大麦数量锐减，而从澳大利亚、法国和加拿大进口的大麦则进一步增加。这一时期中国从上述3个国家进口大麦的平均数量占中国大麦总进口量的95%以上。第三阶段为2010—2020年，2010年以后阿根廷、丹麦和乌克兰对中国出口的大麦数量不断增加，日益成为中国重要的大麦进口来源。因此，选取1995—2020年澳大利亚、法国、加拿大、美国、英国、阿根廷、丹麦和乌克兰这8个国家大麦出口总量及对中国贸易量进行分析。

表5-2 中国大麦进口来源及数量　　　　　单位：万t

| 年份 | 澳大利亚 | 法国 | 加拿大 | 阿根廷 | 英国 | 美国 | 丹麦 | 乌克兰 |
|---|---|---|---|---|---|---|---|---|
| 1995 | 13.86 | 41.17 | 45.71 | 0.00 | 2.72 | 7.76 | 0.00 | 0.00 |
| 1996 | 85.88 | 2.81 | 39.85 | 0.00 | 0.0005 | 0.00 | 0.00 | 0.00 |
| 1997 | 127.27 | 2.18 | 49.52 | 0.00 | 0.00 | 0.00 | 0.00 | 0.00 |
| 1998 | 85.26 | 12.59 | 44.67 | 0.00 | 3.15 | 0.00 | 0.00 | 0.00 |
| 1999 | 140.71 | 17.18 | 37.74 | 0.00 | 20.26 | 0.26 | 0.00 | 0.00 |
| 2000 | 96.86 | 51.62 | 38.11 | 0.00 | 1.59 | 0.03 | 9.19 | 0.00 |
| 2001 | 129.19 | 36.71 | 63.88 | 0.00 | 0.00 | 5.64 | 0.00 | 0.00 |
| 2002 | 151.24 | 16.21 | 23.25 | 0.00 | 0.00 | 0.00 | 0.00 | 0.00 |
| 2003 | 63.16 | 60.99 | 6.66 | 0.00 | 0.00 | 0.00 | 5.45 | 0.00 |
| 2004 | 127.28 | 45.33 | 43.09 | 0.00 | 0.00 | 0.00 | 0.00 | 0.00 |
| 2005 | 115.99 | 29.68 | 70.48 | 0.00 | 0.00 | 0.00 | 0.00 | 0.00 |
| 2006 | 165.72 | 1.47 | 45.91 | 0.00 | 0.00 | 0.00 | 0.00 | 0.00 |
| 2007 | 48.01 | 7.94 | 35.35 | 0.00 | 0.00 | 0.00 | 0.00 | 0.00 |
| 2008 | 73.31 | 8.12 | 21.91 | 0.00 | 0.00 | 0.00 | 4.01 | 0.00 |
| 2009 | 82.62 | 41.63 | 49.06 | 0.00 | 0.00 | 0.00 | 0.28 | 0.00 |
| 2010 | 136.18 | 50.22 | 48.45 | 0.00 | 0.00 | 0.00 | 0.00 | 0.00 |

续表

| 年份 | 澳大利亚 | 法国 | 加拿大 | 阿根廷 | 英国 | 美国 | 丹麦 | 乌克兰 |
|---|---|---|---|---|---|---|---|---|
| 2011 | 125.48 | 23.92 | 10.36 | 17.57 | 0.00 | 0.00 | 0.00 | 0.00 |
| 2012 | 207.83 | 2.31 | 31.37 | 11.25 | 0.00 | 0.00 | 0.00 | 0.00 |
| 2013 | 175.92 | 13.32 | 37.68 | 6.35 | 0.00 | 0.00 | 0.00 | 0.00 |
| 2014 | 387.75 | 76.42 | 55.96 | 8.01 | 0.00 | 0.13 | 0.00 | 12.12 |
| 2015 | 436.19 | 442.35 | 104.21 | 4.49 | 0.00 | 0.00 | 3.78 | 81.99 |
| 2016 | 325.17 | 63.55 | 73.04 | 3.15 | 0.00 | 0.00 | 0.28 | 35.27 |
| 2017 | 648.04 | 22.27 | 135.85 | 0.00 | 0.00 | 0.00 | 1.080.0 | 79.08 |
| 2018 | 417.83 | 57.43 | 167.99 | 0.00 | 0.00 | 0.00 | 0.05 | 38.22 |
| 2019 | 231.57 | 118.31 | 145.95 | 6.61 | 0.00 | 0.00 | 0.00 | 87.39 |
| 2020 | 149.15 | 175.87 | 201.84 | 39.17 | 0.00 | 00.00 | 0.97 | 226.34 |

数据来源：UN Comtrade 数据库。

在确定中国大麦进口来源的同时，对全球及各主要国家大麦出口情况进行梳理（表5-3）。全球大麦出口量总体上升，除个别年份增长率较高之外，基本呈现缓慢上升态势，但2018年、2019年两年大麦出口量持续下降。就不同国家而言，美国大麦出口自2010年之后持续下降，其他国家大麦出口则总体呈现上升态势。近年来，因受极端自然灾害、市场需求变动及中国大麦进口结构调整的影响，澳大利亚大麦出口大幅下降。与此不同的是，虽然中国自2000年之后基本不再从英国进口大麦，但英国大麦出口量仍持续增加，这表明英国大麦出口受中国的影响较小，而澳大利亚大麦出口受到中国市场的影响较大。值得注意的是，丹麦、乌克兰两国大麦出口量随全球出口量的下降而下降，但中国从上述两国的进口却不降反升，这表明中国与上述两国大麦出口贸易具有较强的引力效应，同时意味着存在进一步扩大进口规模的潜力。

表 5-3 主要国家大麦出口量变动率　　单位：%

| 年份 | 澳大利亚 | 加拿大 | 法国 | 阿根廷 | 英国 | 美国 | 丹麦 | 乌克兰 | 全球 |
|---|---|---|---|---|---|---|---|---|---|
| 1995 | — | — | — | — | — | — | — | — | — |
| 1996 | 0.83 | 0.44 | 0.10 | −0.67 | 0.12 | −0.15 | −0.01 | −0.18 | 0.23 |
| 1997 | −0.04 | −0.24 | 0.11 | 30.07 | −0.05 | 0.54 | 0.14 | −0.59 | −0.03 |
| 1998 | −0.03 | −0.42 | 0.35 | −0.39 | −0.14 | −0.65 | −0.02 | 0.26 | −0.08 |
| 1999 | 0.09 | −0.08 | 0.27 | −0.09 | −0.12 | 0.22 | −0.13 | 0.83 | 0.14 |
| 2000 | −0.22 | 0.36 | −0.22 | −0.71 | 0.34 | 0.53 | 0.34 | −0.19 | −0.06 |
| 2001 | −0.26 | −0.04 | −0.14 | 4.45 | −0.58 | −0.22 | −0.06 | 1.29 | −0.10 |
| 2002 | 0.68 | −0.53 | 0.04 | −0.44 | 0.42 | −0.42 | 0.12 | 0.43 | 0.12 |
| 2003 | −0.40 | −0.07 | 0.16 | −0.41 | 0.18 | 0.38 | −0.09 | −0.33 | −0.11 |
| 2004 | 2.04 | 1.13 | −0.01 | 1.97 | −0.40 | −0.60 | −0.32 | 0.96 | 0.49 |
| 2005 | −0.41 | 0.22 | 0.10 | 0.65 | 0.23 | 1.76 | −0.39 | −0.06 | −0.09 |
| 2006 | 0.22 | −0.25 | −0.21 | 0.20 | −0.32 | −0.49 | 0.39 | 0.30 | −0.01 |
| 2007 | −0.62 | 0.29 | 0.20 | 0.34 | −0.17 | 0.94 | 0.04 | −0.54 | −0.22 |
| 2008 | 0.89 | 0.20 | −0.01 | 0.84 | 0.19 | −0.19 | 0.04 | 1.71 | 0.45 |
| 2009 | −0.07 | −0.33 | −0.06 | 0.05 | 0.56 | −0.80 | −0.42 | −0.04 | −0.10 |
| 2010 | 0.22 | −0.14 | 0.21 | −0.47 | 0.19 | 0.34 | 1.52 | −0.16 | 0.04 |
| 2011 | 0.14 | −0.22 | −0.25 | 3.01 | −0.22 | −0.02 | 0.19 | −0.53 | −0.12 |
| 2012 | 0.14 | 0.46 | 0.09 | 0.60 | −0.26 | 0.22 | 0.11 | 0.20 | 0.20 |
| 2013 | 0.00 | −0.18 | 0.39 | −0.03 | 0.44 | −0.02 | −0.25 | −0.09 | 0.06 |
| 2014 | 0.20 | 0.26 | −0.21 | −0.19 | 0.33 | 0.79 | 0.08 | 0.78 | 0.08 |
| 2015 | −0.15 | −0.18 | 0.47 | −0.44 | 0.42 | −0.04 | 0.16 | 0.11 | 0.05 |
| 2016 | 0.12 | −0.08 | −0.22 | 1.09 | 0.10 | −0.72 | −0.29 | 0.04 | 0.01 |
| 2017 | 0.53 | 0.59 | −0.04 | −0.21 | −0.41 | 0.54 | 0.41 | 0.01 | 0.11 |
| 2018 | −0.31 | 0.17 | 0.10 | 0.01 | −0.20 | −0.34 | −0.32 | −0.26 | −0.14 |
| 2019 | −0.53 | −0.02 | 0.16 | −0.03 | 0.99 | 0.31 | −0.22 | −0.35 | −0.13 |
| 2020 | 0.48 | 0.29 | −0.05 | −0.11 | −0.10 | 0.57 | 0.37 | 1.15 | 0.21 |

数据来源：作者测算。

## 5.2.3 实证分析

为消除某一年份进口量异常变化带来的影响，根据前文划分的 5 个贸易阶段，以每一阶段的平均值进行量化分析。第一阶段（1995—1998 年）实际进口量与进口趋势值均缓慢增长，其中实际进口量增加了 8.61 万 t，进口趋势值增加了 0.59 万 t（表 5-4），由于起始年份实际进口量小于长期趋势值，所以该阶段总体表现为偏离程度的缩小，贸易数量风险的下降；进口引力效应带来的实际进口量增长是造成上述变化的主要原因。第二阶段（1999—2006 年）实际进口量、进口趋势值均有增长，其中实际进口量增加了 61.50 万 t，进口趋势值增加了 13.34 万 t；实际进口量绝对量达到进口趋势值的 1.25 倍，造成了数量过剩的风险，进口引力效应仍是引起上述变化的主要原因。第三阶段（2007—2013 年）实际进口量略有回调，而进口趋势值大幅增长，其中实际进口量减少了 21.12 万 t，进口趋势值增加了 140.92 万 t，此阶段实际进口量仅为长期趋势值的 59%，存在数量不足的风险；实际进口量的萎缩与趋势值的快速增长是造成上述变化的主要原因。第四阶段（2014—2017 年）实际进口量、进口趋势值均有大幅增长，其中实际进口量增加了 568.56 万 t，进口趋势值增加了 261.98 万 t，实际进口量达到进口趋势值的 1.33 倍，造成了数量过剩的风险；进口引力效应引起的实际进口量井喷式上涨是造成这一现象的主要原因。第五阶段（2018—2020 年）实际进口量再次回落，趋势值继续呈现较大幅度增长，其中实际进口量减少了 41.06 万 t，进口趋势值增加了 203.25 万 t，实际进口量与趋势值相当，这一阶段极大降低了贸易数量风险；趋势值的快速增长与世界大麦出口规模的缩减是造成上述现象的主要原因。

表 5-4 中国大麦进口数量变动情况　　　　　　单位：万 t

| 时期 | 实际进口变化量 | | | 趋势值变化量 | 偏离程度变化量 |
| --- | --- | --- | --- | --- | --- |
| | 规模效应 | 结构效应 | 进口引力效应 | | |
| 第一阶段 | 1.59 | −1.82 | 8.84 | 0.59 | 8.02 |
| 第二阶段 | 15.93 | 6.37 | 39.20 | 13.34 | 48.16 |
| 第三阶段 | 33.57 | −26.06 | −28.63 | 140.92 | −162.03 |
| 第四阶段 | 61.91 | 26.82 | 479.83 | 261.98 | 306.58 |
| 第五阶段 | −60.34 | 5.96 | 13.32 | 203.25 | −244.31 |

数据来源：作者测算。

#### 5.2.3.1 规模效应

模型测算结果显示，全球大麦出口规模的变动是影响中国大麦实际进口量变动的重要方面。在前4个阶段，全球大麦出口规模的扩大促使中国大麦进口累计增长了113.01万t，贡献率达到19.60%（表5-4）。但在第五阶段，受澳大利亚、美国、丹麦等国家大麦出口量断崖式下跌的影响，国际市场大麦供给出现大幅回落，由此导致中国大麦实际进口量下降60.34万t。

从规模效应与趋势值变化量的相对大小来看，在第一阶段与第二阶段，规模效应带来的进口增长大于趋势值的增长，表明此时全球大麦市场自身的扩展就能够满足中国大麦进口需求。但2007年之后，随着中国大麦消费需求的快速增长，规模效应的作用效果越发微弱。从规模效应自身变动情况来看，虽然全球大麦出口规模呈现稳步扩张的态势，但受气候、贸易政策等外部因素影响，其在个别年份也存在较大的起伏。如受干旱洪水等极端自然灾害的影响，2018年全球大麦生产受到严重冲击，澳大利亚、俄罗斯、乌克兰等国家产量分别下降了31.35%、17.60%和11.35%。而据测算，极端

# 5 中国大麦进口数量风险评价与成因分析

自然灾害可使一些区域损失达到40%或更多。这种全球大麦出口规模的变动在一定程度上引起了实际进口量与趋势值的偏离，引发了贸易风险。综上可知，随着中国大麦消费需求的快速增长，以及全球极端气候的频发，全球大麦市场规模扩张速度的缓慢，以及市场自身的不稳定，均在一定程度上引发了中国大麦进口数量风险。

#### 5.2.3.2 结构效应

根据国内外两个市场的供需情况，及时调整进口来源是维持大麦进口稳定，保障国内大麦充足供给的重要方面。模型测算结果显示，结构效应引起的实际进口变化量数值相对较小，且在5个阶段的作用效果不尽相同（表5-4）。在第一阶段和第三阶段，结构效应导致中国大麦实际进口量分别减少了1.82万t和26.06万t；在第二阶段、第四阶段和第五阶段分别使中国大麦实际进口增加了6.37万t、26.82万t和5.96万t。

总体而言，结构效应引起中国大麦实际进口量的变动幅度相对较小，这表明中国大麦进口来源主要集中在出口贸易增长较为缓慢的市场。从实际情况来看，中国大麦进口来源长期集中在澳大利亚、加拿大及法国等传统大麦出口国，这些国家的大麦生产规模较为稳定，出口增长速度较为缓慢。从比较结构效应与趋势值变化量的相对大小可知，结构效应带来的实际进口量增幅长期处于较低水平，难以有效抑制因趋势值快速增长所导致的贸易波动。这表明，中国未能充分利用阿根廷、乌克兰等快速增长的大麦出口新兴市场，未能及时依据国内外大麦市场的变化情况调整进口来源。结构效应的作用未能得到充分发挥在一定程度上加剧了中国大麦进口数量风险。

#### 5.2.3.3 进口引力效应

进口引力效应是引起实际进口量变动的关键因素，在1995—2020年，进口引力效应促使中国大麦进口累计增长了512.56万t，贡献率达到 88.91%（表 5-4）。但由于进口引力效应受到国内供需、国内外价差以及相关贸易政策等多种因素的共同影响，其对中国大麦实际进口量的作用效果在不同阶段呈现出较大差异。模型测算结果显示，在第一阶段、第二阶段和第四阶段进口引力效应促使中国大麦实际进口量的增长大于趋势值的增长；在第三阶段、第五阶段，进口引力效应未能发挥积极作用，致使实际进口量增长远低于趋势值增长。

全球主要大麦进口国之间的价差是影响进口引力效应大小的关键变量，在一定程度上决定了各国大麦进口的规模。从全球主要大麦进口国的大麦进口价格来看（表 5-5），中国大麦进口价格始终高于伊朗、意大利、荷兰和沙特等国，仅在第四阶段、第五阶段略低于日本。这意味着中国在国际大麦市场上具有较强的吸引力，进口需求能够得到优先满足。

表 5-5 全球主要大麦进口国大麦进口价格　　　　单位：美元/t

| 时期 | 中国 | 伊朗 | 意大利 | 日本 | 荷兰 | 沙特 |
|---|---|---|---|---|---|---|
| 第一阶段 | 192.93 | 152.32 | 179.90 | 172.58 | 172.23 | 144.12 |
| 第二阶段 | 171.15 | 144.82 | 143.18 | 166.06 | 131.31 | 143.56 |
| 第三阶段 | 314.92 | 269.09 | 256.96 | 310.95 | 237.64 | 298.11 |
| 第四阶段 | 247.47 | 217.73 | 203.70 | 251.51 | 192.33 | 220.11 |
| 第五阶段 | 248.06 | 221.23 | 205.02 | 269.21 | 213.40 | 182.20 |

数据来源：UN Comtrade 数据库。

但值得注意的是，进口引力效应作用的大小与始终高企的中国大麦进口价格并不完全一致。在第三阶段，进口引力效应的作用受到抑制。全球大麦出口量较第二阶段平均增加了 16.57%，而中国大麦进口量却下降了 10.42%，由此进口引力效应表现为负数。究其原因，主要是受国内玉米临时收储政策影响，这一时期玉米供给远超过市场需求，过量玉米涌入饲料市场，挤出了饲用大麦进口需求，最终阻碍了进口引力效应作用的发挥。在第四阶段，进口引力效应作用效果得到放大。国际贸易政策作为进口引力效应的重要影响因素，其在很多情况下可以直接决定或改变中国大麦进口的规模和格局，影响进口引力效应的作用效果。2015年12月正式生效的《中华人民共和国政府和澳大利亚政府自由贸易协定》规定对原产于澳大利亚进口大麦实施"零关税"政策，当年中国大麦进口量达到了1 078.57万 t，同比增加近2倍，创历史新高。2017年、2018年中国先后两次调低大麦进口增值税税率，进一步降低了中国大麦的进口成本，促进了进口引力效应作用的发挥。在第五阶段，进口引力效应作用的发挥又受到中澳贸易摩擦的限制。中国对澳大利亚大麦征收"双反"关税直接造成大麦进口量的大幅下降。中国大麦进口引力效应的作用由此未能得到完全显现。受国内产业政策和贸易摩擦的影响，中国大麦进口引力效应的作用大小时常难以与大麦进口价格所反映的国内市场供需情况相匹配，是造成中国大麦进口数量风险的重要缘由。

#### 5.2.3.4 趋势增长效应

中国大麦进口趋势值的快速增长也是造成中国大麦进口数量风险的重要原因，其能够解释实际进口量与长期趋势值偏离程度的83.19%。趋势值的增长主要与国内大麦供需情况息息相关。中国大麦供给长期处于较低水平，且种植规模不断萎缩；但大麦的加工消费需求以及饲用消费需求却表现出快速增长的特征。在第一阶段、第二阶段中国大麦消费需求增长较为缓慢，这一时期随着稻米、小麦等粮食作物产量的增长，大麦食用消费需求快速下降，同期饲用需求、加工需求有所增长，但受经济发展水平限制，总体处于较低水平。自第三阶段起，社会经济的快速发展和消费水平的提升，驱使中国啤酒和肉类的消费量大幅度增加，由此带动大麦饲用消费和加工消费需求快速增长，2020年中国大麦饲用消费与加工消费较2007年增加36.08%。同时，大麦作为仅次于玉米的优质饲料，营养成分丰富，其粗蛋白含量、多种氨基酸含量、微量元素及维生素含量均高于玉米，能够部分甚至全部替代玉米。随着近年玉米价格的持续上涨及饲料加工技术的突破，饲料企业为节约成本在配方中逐步提高了大麦对玉米的替代比例，进一步增大了大麦等玉米替代品的消费需求。

## 5.3 本章小结

运用HP滤波法对1995—2020年中国大麦进口数据进行分解，首先，通过比较实际进口量与长期趋势值的偏离程度，评价了中国大麦进口风险情况；其次，通过分析长期趋势值与实际进口量的变化情况，探究了引起中国面临大麦进口数量风险的缘由。主要得到以下结论：

一是中国大麦进口数量风险不断加剧。大麦进口数量风险不仅长期存在，且自2013年以来中国大麦实际进口量对长期趋势值偏离方向的转换频率持续加快，偏离幅度持续扩大，对国内大麦的稳定供给和相关产业的持续健康发展形成较大威胁。

二是多种因素共同作用，引致了中国大麦进口数量风险。从规模效应来看，全球大麦出口规模的不稳定不仅难以有效填补中国大麦需求的快速增长，并且在一定程度上引起了大麦进口数量风险。从结构效应来看，中国未能充分利用新兴大麦出口市场，在一定程度上加剧了进口数量风险。从进口引力效应来看，始终高企的大麦进口价格使中国具有较强的进口引力，但受国内产业政策和贸易摩擦的影响，进口引力效应作用的发挥时常难以与国内市场供需情况相匹配，这是造成大麦进口数量风险的重要缘由。同时，随着社会经济的发展，中国大麦进口需求的快速增长也是造成大麦进口数量风险的重要原因。

# 6 进口关税政策调整下中国大麦进口风险模拟

首先，本章对中国对原产于澳大利亚的进口大麦进行反倾销、反补贴的调查过程（表6-1）进行了阐述；其次，基于局部均衡理论，借鉴中国农业科学院农业经济与发展研究所研发的CASM，构建包含多种农产品在内的中国大麦进口局部均衡模型；最后，根据中国大麦进口关税调整情况进行情景设置，模拟分析了进口关税变化对中国大麦生产、贸易的影响。

表6-1 中国商务部进行反倾销、反补贴调查的过程

| 事件 | 时间 | 发展进程 |
| --- | --- | --- |
| 立案 | 2018年10月19日 | 云南、江苏、内蒙古、四川、甘肃、河南6个大麦主产区的相关组织授权中国国际商会代表国内大麦产业，向中国商务部正式提交了关于对原产于澳大利亚的进口大麦进行反倾销调查的申请 |
| 立案 | 2018年11月19日 | 中国商务部决定对原产于澳大利亚的进口大麦进行反倾销立案调查。将2017年10月1日—2018年9月30日设定为倾销调查期，将2014年1月1日—2018年9月30日设定为产业损害调查期 |
| 调查 | 2018年12月21日 | 中国商务部向国内外相关利害关系方发放如下问卷：《反倾销国外出口商或生产商调查问卷》《反倾销国内生产者或种植者调查问卷》《反倾销国内进口商、贸易商或下游用户调查问卷》 |
| 调查 | 2018年12月11—13日 | 中国商务部调查机关以座谈、走访等方式选取江苏的大麦主产区进行调研。对国内大麦生产、销售等情况进行了了解及核实，并收集了相关的证据 |
| 调查 | 2019年11月14日 | 中国商务部决定将调查期延长至2020年5月19日 |
| 裁决 | 2020年5月18日 | 中国商务部发布第14号公告《中华人民共和国商务部关于原产于澳大利亚的进口大麦反倾销调查的最终裁定》，自2020年5月19日，对原产于澳大利亚的进口大麦征收为期5年的反倾销、反补贴关税 |

# 6 进口关税政策调整下中国大麦进口风险模拟

## 6.1 中澳贸易摩擦与大麦进口关税政策调整过程

2018年10月9日,中国国际商会经中国国内大麦产业授权,向中国商务部正式提交了《关于对原产于澳大利亚的进口大麦进行反倾销调查的申请》。2018年11月19日,中国商务部决定对原产于澳大利亚的进口大麦进行反倾销立案调查。

调查发现,在大麦产业损害调查期内(2014—2018年),中国自澳大利亚进口大麦在绝对数量上存在大幅增长的情况。截至2018年,中国自澳大利亚的大麦进口量达到了417.84万t,与2014年相比,增幅达到422.35%。从进口的相对数量来看,调查期内(2014—2018年)中国自澳大利亚的大麦进口量在中国大麦市场占据较大份额。2014—2018年中国自澳大利亚的大麦进口量分别占中国大麦市场份额的53.66%、34.63%、48.13%、61.57%、49.01%。虽然,澳大利亚进口大麦在中国大麦的市场份额存在年度差异,但是就平均市场份额而言,澳大利亚进口大麦几乎占中国大麦总进口量的50%,是中国最大的大麦进口来源国。从相对价格及其变化情况来看,剔除汇率、进口增值税等因素的影响后,2018年中国自澳大利亚的大麦进口价格下降至1.83元/kg,较2014年的2.11元/kg,下降了0.28元/kg。2018年国内大麦市场价格下降至1.97元/kg,较2014年的2.14元/kg,下降了0.17元/kg。进口价格与国内大麦的市场价格差额由2014年的0.03元/kg,扩大至2018年的0.14元/kg。通过对比可以看出,中国自澳大利亚的进口价格与中国国内大麦市场价格总体呈不断下降的趋势,但两者之间的差额不断扩大。自澳大利亚进口价格持续下行,以及与国内价差的不断扩大,对中国大麦种植主体造成了严重的负面影响。较低的大麦价格导致国内大麦产业长期处于亏损状态，据"国家大麦青稞产业技术体系"统计，2018年国内大麦每亩（1亩≈666.7 m²）平均利润为-284.68元，与2014年相比，增亏达到58.07%。

根据调查结果分析，澳大利亚进口大麦对中国国内大麦产业造成了实质性损害，且澳大利亚进口大麦的倾销、补贴行为是导致国内大麦产业遭受实质性损害的直接原因。因此，中国商务部最终裁定自2020年5月19日起，对原产于澳大利亚的进口大麦征收73.60%的反倾销关税和6.90%的反补贴关税，共计80.50%的关税税率，征收期为5年。

## 6.2 中国大麦进口局部均衡模型构建

### 6.2.1 理论模型

英国新古典经济学家马歇尔在分析商品的价值与分配时，提出了局部均衡理论。相较于瓦尔拉斯提出的一般均衡理论，局部均衡理论通过假定外生变量增长趋势，将待研究的单个产品从相互交织的复杂市场中抽取出来，进而凭借少量方程就可分析研究对象的供需及均衡状态的变动情况。局部均衡理论以其灵活性、简洁性，受到国内外机构、学者的广泛青睐，并据此建立了较为成熟的局部均衡分析模型（Furuya et al., 2009）。国内研究更多的是运用局部均衡模型仿真模拟外部冲击，尤其是相关政策的变化对研究对象供需、价格等方面的具体影响（胡向东, 2011；石自忠, 2017；盛芳芳等, 2020）。

本节研究基于局部均衡理论对关税政策调整下的中国大麦进口风险进行理论分析。为了便于叙述，假定仅有中国、澳大利亚和其

# 6 进口关税政策调整下中国大麦进口风险模拟

他国家 3 个大麦贸易主体,其中,中国为大麦进口国,澳大利亚和其他国家为大麦出口国。初始均衡状态下,在中国大麦市场上(图 6-1),均衡价格为 $p_0$,大麦供给量、消费量分别为 $Q_{S0}$、$Q_{D0}$,二者之差即为大麦进口量。当中澳发生贸易摩擦时,中国采取贸易救济措施,对澳大利亚进口大麦征收 80.50% 的关税,由此将导致中国大麦市场价格由 $p_0$ 上升至 $p_1$,大麦供给增加,消费下降。受中国大麦市场需求下降影响,澳大利亚大麦需求曲线向左移动,市场价格由 $p_0$ 下降至 $p_1$。而作为澳大利亚大麦替代市场的其他国家,则因价格相对低廉而实现更多的大麦出口。此时,中国大麦市场价格由 $p_1$ 下降至 $p_2$,大麦供给量、消费量分别为 $Q_{S2}$、$Q_{D2}$。这一变化又会引起澳大利亚和其他国家大麦市场的相应变动,并循环往复,最终达到均衡状态。

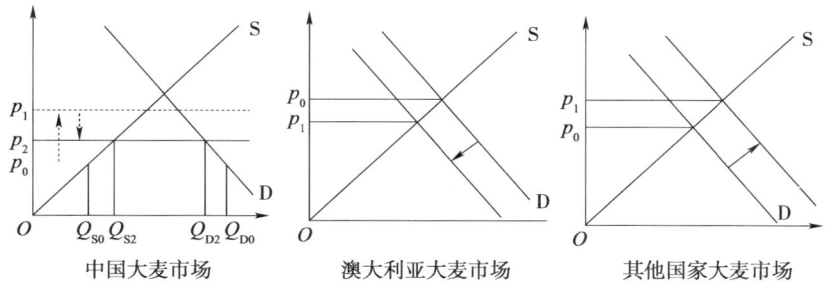

图 6-1 关税政策调整的影响分析

## 6.2.2 实证模型

本节研究基于局部均衡理论,借鉴中国农业科学院农业经济与发展研究所研发的 CASM,使用其农产品的供给价格弹性、需求价格弹性及需求收入弹性等参数,构建包含粮食(稻谷、小麦、玉米、大麦、马铃薯、大豆)、棉花、油料、糖料、蔬菜、水果等多种农产品在内的中国大麦进口局部均衡模型。并利用中国农业产业模型的预测值,将大麦以外的其他农产品设置为外生变量。同时,根据研究需要,加入贸易模块,进一步细分中国大麦贸易进口来源国,具体测算中国从各主要国家进口大麦的情况。

#### 6.2.2.1 生产模块

中国大麦产量主要取决于单产与收获面积。其中,大麦单产与当前生产要素投入量和种植技术水平相关,生产要素投入量由大麦的市场价格直接决定,而大麦种植技术在短期内一般较为稳定,故此处将大麦单产设定为大麦价格的函数(谭琳元等,2020),并在现有大麦生产力水平限度内进行分析。大麦收获面积主要由大麦和其他作物的比较效益决定,若种植大麦能带来更多的收益,大麦收获面积将增加,故此处将大麦收获面积设定为大麦、水稻等其他农作物价格的函数。

大麦产量($Q_{st}$)方程:

$$Q_{st} = A_t \times Y_t \quad (6-1)$$

大麦收获面积($A_t$)方程:

$$\mathrm{Ln} A_t = \alpha^A + e^A_{DBP} \mathrm{Ln} DBP_t + e^A_{DCP} \mathrm{Ln} DCP_t + \sum e^A_{DOCPi} \mathrm{Ln} DOCP_{it} \quad (6-2)$$

大麦单产($Y_t$)方程:

$$\mathrm{Ln} Y_t = \alpha^Y + e^Y_{DBP} \mathrm{Ln} DBP_t \quad (6-3)$$

式(6-1)至式(6-3)中,$DBP$、$DCP$、$DOCP_i$分别为中国大麦、玉米市场价格和其他农产品$i$(稻谷、小麦、马铃薯、大豆、油菜籽、花生、棉花、甘蔗、甜菜、苹果、其他水果和蔬菜等)的市场价格;$t$表示时期(后文不再赘述);$\alpha^A$、$\alpha^Y$分别为大麦收获面积方程和单产方程中的常数项,$e^A_{DBP}$为大麦收获面积的大麦价格弹性,

$e_{DCP}^{A}$ 为大麦收获面积的玉米价格弹性,$e_{DOCP_{it}}^{A}$ 为大麦收获面积的除大麦、玉米以外的其他农产品的价格弹性,其他农产品主要包括稻谷、小麦、马铃薯、大豆、油菜籽、花生、棉花、甘蔗、甜菜、苹果、其他水果和蔬菜等,$e_{DBP}^{Y}$ 为大麦单产的大麦价格弹性。

#### 6.2.2.2 需求模块

目前,大麦消费需求主要包括饲用消费需求和加工消费需求。饲用消费需求和加工消费需求主要受到大麦市场价格和国内收入水平的影响。根据模型构建的需要,此处以反需求函数形式进行表示。

大麦反需求函数方程($DBP_t$):

$$\operatorname{Ln} DBP_t = \alpha^{DBP_t} + \alpha_{PGDP}^{DBP_t} \operatorname{Ln}(PGDP_t / CPI_t) + \alpha_{Q_d}^{DBP_t} \operatorname{Ln} Q_{dt} \quad (6-4)$$

式(6-4)中 $PGDP$ 为中国人均国内生产总值,$CPI$ 为中国消费物价指数,用以反映人均收入水平;$Q_d$ 为中国大麦消费量;$\alpha^{DBP_t}$ 为大麦反需求函数方程中的常数项,$\alpha_{PGDP}^{DBP_t}$ 为人均收入水平对中国大麦市场价格的影响系数,$\alpha_{Q_d}^{DBP_t}$ 为中国大麦消费需求对中国大麦市场价格的影响系数。

#### 6.2.2.3 国际贸易模块

国际贸易模块通常包括进口方程和出口方程,但中国长期作为大麦净进口国,且短期内也不存在出口大麦的潜力,故此处仅构建进口方程。大麦进口量主要取决于大麦出口国的出口能力以及中国的大麦进口需求,本研究选取出口国的大麦产量表示其出口能力,选取中国大麦进口价格和国内大麦价格反映中国大麦进口需求。同时,考虑到国际贸易存在不确定性,参考相关文献的做法引入虚拟变量,用以消除个别年份中国大麦进口激增、骤降情况对参数估计的影响。同时,根据研究需要,对澳大利亚、法国、加拿大这3个主要大麦贸易国进行单独分析,将其他国家视为一个整体统一分析。

中国大麦进口方程($Q_{jkt}$):

$$\operatorname{Ln}Q_{jat} = \alpha^{jat} + \alpha_Q^{jat}\operatorname{Ln}Q_{sat} + \alpha_{DBP}^{jat}\operatorname{Ln}DBP_t + \alpha_{IBP}^{jat}\operatorname{Ln}IBP_{at} + \alpha_{DZ}^{jat}DZ_{at} + \alpha_{DJ}^{jat}DJ_{at} \tag{6-5}$$

$$\operatorname{Ln}Q_{jct} = \alpha^{jct} + \alpha_Q^{jct}\operatorname{Ln}Q_{sct} + \alpha_{DBP}^{jct}\operatorname{Ln}DBP_t + \alpha_{IBP}^{jct}\operatorname{Ln}IBP_{ct} + \alpha_{DZ}^{jct}DZ_{ct} + \alpha_{DJ}^{jct}DJ_{ct} \tag{6-6}$$

$$\operatorname{Ln}Q_{jft} = \alpha^{jft} + \alpha_Q^{jft}\operatorname{Ln}Q_{sft} + \alpha_{DBP}^{jft}\operatorname{Ln}DBP_t + \alpha_{IBP}^{jft}\operatorname{Ln}IBP_{ft} + \alpha_{DZ}^{jft}DZ_{ft} + \alpha_{DJ}^{jft}DJ_{ft} \tag{6-7}$$

$$\operatorname{Ln}Q_{jot} = \alpha^{jqt} + \alpha_Q^{jot}\operatorname{Ln}Q_{sot} + \alpha_{DBP}^{jot}\operatorname{Ln}DBP_t + \alpha_{IBP}^{jot}\operatorname{Ln}IBP_{ot} + \alpha_{DZ}^{jot}DZ_{ot} + \alpha_{DJ}^{jqt}DJ_{ot} \tag{6-8}$$

式(6-5)至式(6-8)中,$Q_{jk}$为中国自 $k$ 国(澳大利亚、加拿大、法国和其他国家)的大麦进口量;$Q_{sk}$为 $k$ 国的大麦产量;$IBP_k$为中国进口 $k$ 国大麦的价格;$DZ_k$、$DJ_k$分别为消除 $k$ 国正向、负向冲击而设置的虚拟变量;$\alpha^{jkt}$为中国自 $k$ 国进口大麦方程的常数项;$\alpha_Q^{jkt}$等为 $k$ 国产量对中国大麦进口量的影响系数;$\alpha_{DBP}^{jkt}$、$\alpha_{IBP}^{jkt}$分别为中国国内大麦价格、自 $k$ 国进口价格对中国大麦自 $k$ 国进口大麦数量的影响系数。

#### 6.2.2.4 价格传导方程

中国大麦进口价格与国内大麦市场价格存在一定的相关关系。同时,中国大麦进口价格受到汇率、国内玉米价格的影响。

中国大麦进口价格传导方程($IBP_{kt}$):

$$\operatorname{Ln}IBP_{at} = \alpha^{at} + \alpha_{DBP}^{at}\operatorname{Ln}DBP_t + \alpha_{EX}^{at}\operatorname{Ln}EX_{at} + \alpha_{DCP}^{at}\operatorname{Ln}DCP_t \tag{6-9}$$

$$\operatorname{Ln}IBP_{ct} = \alpha^{ct} + \alpha_{DBP}^{ct}\operatorname{Ln}DBP_t + \alpha_{EX}^{ct}\operatorname{Ln}EX_{ct} + \alpha_{DCP}^{ct}\operatorname{Ln}DCP_t \quad （6-10）$$

$$\operatorname{Ln}IBP_{ft} = \alpha^{ft} + \alpha_{DBP}^{ft}\operatorname{Ln}DBP_t + \alpha_{EX}^{ft}\operatorname{Ln}EX_{ft} + \alpha_{DCP}^{ft}\operatorname{Ln}DCP_t \quad （6-11）$$

$$\operatorname{Ln}IBP_{ot} = \alpha^{ot} + \alpha_{DBP}^{ot}\operatorname{Ln}DBP_t + \alpha_{EX}^{ot}\operatorname{Ln}EX_{ot} + \alpha_{DCP}^{ot}\operatorname{Ln}DCP_t \quad （6-12）$$

式（6-9）至式（6-12）中，$EX_k$为人民币与$k$国货币（澳元、加元、欧元和美元）的汇率；$\alpha^{kt}$为中国从$k$国进口大麦价格方程的常数项；$\alpha_{EX}^{kt}$为中国与$k$国货币汇率对大麦进口价格的影响系数，$\alpha_{DCP}^{kt}$为中国玉米市场价格对从$k$国进口大麦数量的影响系数。

#### 6.2.2.5 市场出清方程

当前研究中有两类市场出清方程，一类以国际市场供需均衡为条件构建双边（多边）模型（胡欣然，2021；张玉梅 等，2021），一类文献以国内市场供需均衡为条件构建单国模型（胡向东，2011；石自忠，2017）。考虑到本研究主要针对中国大麦进口进行分析，故构建单国模型，设定中国国内大麦市场的总供给等于总需求时，市场达到出清状态。市场总供给为国内产量和进口量之和，总需求为国内消费量与出口量之和。由于中国长期处于净进口状态，故当国内产量和进口量之和等于国内消费量时市场达成出清状态。

$$Q_{dt} = Q_{st} + \sum Q_{jkt} \quad （6-13）$$

式（6-13）中，$Q_d$为国内大麦消费需求；$Q_s$为国内大麦产量；$Q_j$为中国从其他国家进口大麦数量。

### 6.2.3 参数估计

中国农业产业模型的各项参数主要借鉴国际粮食政策研究所（International Food Policy Research Institute，IFPRI）、美国农业部（United States Department of Agriculture，USDA）等机构构建的农

产品局部均衡模型。本研究参照相关文献（谭琳元 等，2020）的做法，直接根据CASM设定中国大麦进口局部均衡模型生产模块的相关参数（表6-2）。

表6-2 大麦收获面积和单产价格弹性

| 项目 | 大麦 | 稻谷 | 小麦 | 玉米 | 马铃薯 | 大豆 | 油菜籽 |
|---|---|---|---|---|---|---|---|
| 大麦收获面积弹性 | 0.150 0 | 0.000 0 | 0.000 0 | 0.000 0 | 0.000 0 | -0.010 0 | -0.020 0 |
| 大麦单产价格弹性 | 0.200 0 | | | | | | |
| 项目 | 花生 | 棉花 | 甘蔗 | 甜菜 | 苹果 | 其他水果 | 蔬菜 |
| 大麦收获面积弹性 | -0.020 0 | -0.020 0 | 0.000 0 | -0.010 0 | -0.010 0 | -0.010 0 | -0.050 0 |
| 大麦单产价格弹性 | | | | | | | |

数据来源：CASM。

中国大麦进口局部均衡模型中的需求模块、国际贸易模块和价格传导方程的参数均通过回归获得。为最大限度消除异常波动对参数估计的影响，对大麦进口量进行三年平均处理。估计结果（表6-3至表6-5）显示，大多数方程的拟合度（$R^2$）较高，说明方程总体对因变量的拟合度较高；并且模型中的大部分变量都具有较好的显著性，正负号与经济原理一致，说明自变量对因变量具有较好的解释能力。需要特别说明的是，部分方程拟合效果不太理想，基于整个大麦进口模型迭代运算及研究的需要，仍将其纳入模型中，各模型的估计区间均为1995—2020年。

表6-3 大麦反需求函数方程参数估计结果

| | $\alpha^{DBP_t}$ | $\alpha^{DBP_t}_{PGDP}$ | $\alpha^{DBP_t}_{Q_d}$ | $R^2$ |
|---|---|---|---|---|
| 参数 | 1.234 0 | 0.348 6 | −0.389 6 | |
| 标准差 | 1.204 1 | 0.058 8 | 0.196 5 | 0.63 |
| $P$值 | 0.317 1 | 0.000 0*** | 0.060 7* | |

数据来源：Eviews 回归结果。

注：***、**、* 分别表示估计参数在1%、5%和10%显著性水平下显著。

表6-4 中国大麦进口方程参数估计结果

| 中国与澳大利亚大麦进口方程 | | | | | | | |
|---|---|---|---|---|---|---|---|
| | $\alpha^{jat}$ | $Q_{sat}$ | $DBP_t$ | $IBP_{at}$ | $DZ_{at}$ | $DJ_{at}$ | $R^2$ |
| 参数 | 4.706 4 | 0.717 5 | 0.884 0 | −0.931 3 | 0.532 7 | 0.105 8 | |
| 标准差 | 3.569 6 | 0.300 0 | 0.394 3 | 0.479 3 | 0.279 5 | 0.305 0 | 0.54 |
| $P$值 | 0.203 9 | 0.028 0** | 0.037 8** | 0.067 8* | 0.072 8* | 0.732 6 | |
| 中国与加拿大大麦进口方程 | | | | | | | |
| | $\alpha^{jct}$ | $Q_{sct}$ | $DBP_t$ | $IBP_{ct}$ | $DZ_{ct}$ | $DJ_{ct}$ | $R^2$ |
| 参数 | 12.793 6 | 0.482 6 | 1.850 8 | −1.976 5 | 0.545 6 | −0.672 8 | |
| 标准差 | 3.887 1 | 0.482 6 | 0.445 3 | 0.507 8 | 0.247 9 | 0.2561 | 0.59 |
| $P$值 | 0.001 1*** | 0.667 6 | 0.000 6*** | 0.001 1*** | 0.041 0** | 0.017 1** | |
| 中国与法国大麦进口方程 | | | | | | | |
| | $\alpha^{ift}$ | $Q_{sft}$ | $DBP_t$ | $IBP_{ft}$ | $DZ_{ft}$ | $DJ_{ft}$ | $R^2$ |
| 参数 | −3.590 1 | 2.541 2 | 1.412 7 | −2.0637 | 0.570 3 | −1.018 2 | |
| 标准差 | 10.240 2 | 1.298 3 | 0.695 9 | 0.639 1 | 0.490 3 | 0.347 7 | 0.70 |
| $P$值 | 0.730 2 | 0.066 9* | 0.058 0* | 0.004 9*** | 0.260 8 | 0.009 4*** | |

续表

| 中国与其他国家大麦进口方程 | | | | | | | |
|---|---|---|---|---|---|---|---|
| | $\alpha^{jot}$ | $Q_{sot}$ | $DBP_t$ | $IBP_{ot}$ | $DZ_{ot}$ | $DJ_{ot}$ | $R^2$ |
| 参数 | 7.614 4 | 0.602 5 | 1.755 5 | −1.983 5 | 0.685 8 | −0.134 6 | |
| 标准差 | 23.339 3 | 2.340 7 | 0.903 0 | 1.009 1 | 0.592 9 | 0.592 9 | 0.32 |
| $P$ 值 | 0.748 0 | 0.799 8 | 0.067 7* | 0.065 0* | 0.262 5 | 0.823 3 | |

数据来源：Eviews 回归结果。

注：***、**、*分别表示估计参数在 1%、5% 和 10% 显著性水平下显著。中国与澳大利亚大麦进口方程中，$DZ$ 包括 2008 年、2019 年，$DJ$ 包括 2005 年、2016 年；中国与加拿大大麦进口方程中，$DZ$ 包括 2005 年、2014 年、2017 年，$DJ$ 包括 1999 年、2003 年、2007 年；中国与法国大麦进口方程中，$DZ$ 包括 2014 年、2018 年，$DJ$ 包括 2006 年、2007 年、2017 年；中国与法国大麦进口方程中，$DZ$ 包括 2014 年、2018 年，$DJ$ 包括 2001 年、2008 年。

**表 6-5　中国大麦进口价格传导方程参数估计结果**

| 中国与澳大利亚大麦进口价格传导方程 | | | | | |
|---|---|---|---|---|---|
| | $\alpha^{at}$ | $DBP_t$ | $EX_{at}$ | $DCP_t$ | $R^2$ |
| 参数 | 4.008 0 | 0.622 9 | 0.692 7 | −0.051 1 | |
| 标准差 | 0.508 1 | 0.197 7 | 0.303 7 | 0.204 8 | 0.81 |
| $P$ 值 | 0.000 0*** | 0.000 5*** | 0.034 3** | 0.805 7 | |
| 中国与加拿大大麦进口价格传导方程 | | | | | |
| | $\alpha^{ct}$ | $DBP_t$ | $EX_{ct}$ | $DCP_t$ | $R^2$ |
| 参数 | 3.191 5 | 0.332 0 | 1.123 3 | 0.461 0 | |
| 标准差 | 0.526 4 | 0.172 7 | 0.293 2 | 0.188 2 | 0.81 |
| $P$ 值 | 0.000 0*** | 0.069 8* | 0.001 1 | 0.024 2** | |

续表

| 中国与法国大麦进口价格传导方程 | | | | | |
|---|---|---|---|---|---|
|  | $\alpha^{ft}$ | $DBP_t$ | $EX_{ft}$ | $DCP_t$ | $R^2$ |
| 参数 | 2.203 7 | 0.402 1 | 1.342 1 | 0.345 8 | 0.67 |
| 标准差 | 1.001 8 | 0.281 5 | 0.459 2 | 0.308 4 | |
| $P$ 值 | 0.041 1* | 0.170 3 | 0.009 1*** | 0.276 9 | |
| 中国与其他国家大麦进口价格传导方程 | | | | | |
|  | $\alpha^{ot}$ | $DBP_t$ | $EX_{ot}$ | $DCP_t$ | $R^2$ |
| 参数 | 6.775 7 | 0.532 7 | −0.764 9 | −0.044 | 0.69 |
| 标准差 | 1.754 3 | 0.204 3 | 0.824 6 | 0.306 6 | |
| $P$ 值 | 0.000 8*** | 0.016 1** | 0.363 7 | 0.886 8 | |

数据来源：Eviews 回归结果。

注：***、**、* 分别表示估计参数在 1%、5% 和 10% 显著性水平下显著。

## 6.3 情景设置与模拟

### 6.3.1 情景设置

根据中国大麦进口关税调整情况进行情景设置。总体而言，中国大麦进口关税较为稳定，1995 年中国取消大麦进口关税配额，对非种用大麦实行 3% 的最惠国税率，对最不发达国家实行特惠零税率。中国主要的大麦进口来源国为澳大利亚、加拿大、法国等国家，均适用征收 3% 的最惠国税率。但近年来，中国对澳大利亚大麦的进口关税调整较为频繁，且变化幅度较大。2015 年 6 月《中华人民共和国政府与澳大利亚政府自由贸易协定》正式签署，中国对原产于澳大利亚的进口大麦实施"零关税"政策。2020年5月中国商务部裁定对原产于澳大利亚的进口大麦征收80.50%的反倾销、反补贴关税，征收期为5年。关税变动对中国的大麦进口带来了极大的不确定性。基于此，设置如下情景进行模拟，将基础情景设置为：对原产于澳大利亚的进口大麦继续实施"零关税"政策，对法国、加拿大、其他国家继续征收3%的大麦进口关税税率；将情景1设置为：对原产于澳大利亚的进口大麦征收80.50%的反倾销、反补贴关税，对加拿大、法国以及其他国家继续征收3%的大麦进口关税税率。此外，还设定了中澳贸易关系缓和（情景2）以及中澳贸易关系恶化（情景3）两个情景进行模拟（表6-6）。在运用局部均衡模型进行模拟分析前，需要对以下外生变量进行赋值，如中国人均国内生产总值，以及澳大利亚、加拿大、法国和其他国家大麦产量等。参照相关文献，以上述外生变量近5年的平均增长率为参照，推算其在2021年的情况。

表6-6 大麦进口关税政策调整情景模拟设置

| 情景 | 大麦进口关税设定 |
| --- | --- |
| 基础情景 | 对澳大利亚实施"零关税"政策；对法国、加拿大、其他国家继续实行3%的大麦进口关税税率 |
| 情景模拟1 | 对澳大利亚征收80.50%反倾销、反补贴关税；对法国、加拿大、其他国家继续实行3%的大麦进口关税税率 |
| 情景模拟2 | 中澳贸易关系改善，对澳大利亚征收30%反倾销、反补贴关税；对法国、加拿大、其他国家继续实行3%的大麦进口关税税率 |
| 情景模拟3 | 中澳贸易关系恶化，对澳大利亚征收130%反倾销、反补贴关税；对法国、加拿大、其他国家继续实行3%的大麦进口关税税率 |

## 6.3.2 情景模拟结果与分析

### 6.3.2.1 基础情景结果分析

表 6-7 反映了基础情景下中国大麦进口的变动情况。2021 年中国大麦进口总量较 2020 年增长 4.54%，达到 844.63 万 t。具体来看，中国自澳大利亚、加拿大、法国的大麦进口量分别增加 5.50%、12.53% 和 6.94%，自其他国家减少 3.21%。这说明中国对澳大利亚继续实施"零关税"政策时，中国的主要进口国家以澳大利亚、法国、加拿大为主，中国自以上 3 个国家的大麦进口比例由 2020 年的 65.21% 上升至 2021 年的 67.79%。

表 6-7 基础情景下中国大麦进口仿真结果　　单位：万 t、美元 /t

| 进口来源国 | 2020 年 | | 2021 年 | |
| --- | --- | --- | --- | --- |
| | 进口量 | 进口价格 | 进口量 | 进口价格 |
| 澳大利亚 | 149.15 | 237.41 | 157.35 | 232.83 |
| 加拿大 | 201.84 | 216.92 | 227.13 | 204.49 |
| 法国 | 175.87 | 202.34 | 188.08 | 193.37 |
| 其他国家 | 281.09 | 222.84 | 272.07 | 228.37 |

数据来源：作者测算。

表 6-8 反映了基础情景下中国大麦的生产、消费情况。2021 年国内大麦产量较 2020 年增长 0.13%，达到 90.12 万 t，大麦市场价格较 2020 年略上涨 0.50%，涨至 288.82 美元 /t。从国内大麦消费量的变动情况来看，2021 年较 2020 年增长 4.55%，达到 934.75 万 t。

表 6-8 基础情景下中国大麦生产、消费模拟结果

单位：万 t、美元 /t

| 年份 | 产量 | 进口量 | 消费量 | 国内价格 |
| --- | --- | --- | --- | --- |
| 2020 | 90 | 807.95 | 897.95 | 287.37 |
| 2021 | 90.12 | 844.62 | 934.75 | 288.82 |

数据来源：作者测算。

#### 6.3.2.2 模拟情景结果分析

情景 1 模拟结果显示，中国大麦进口总量较基础情景减少 52.1 万 t，下降约 6.18%，加权平均后的大麦进口价格上涨 10.57%（表 6-9）。从进口来源的变动情况来看，中国自澳大利亚的大麦进口量减少了 41.89%，进口价格上涨了 83.19%。此时存在一定的贸易转移效应，中国自加拿大、法国及其他国家的进口总量较基础情景增加了 13.75 万 t。由于加拿大与澳大利亚同属于中国高端啤酒大麦的主要进口来源地，且两个国家的大麦存在较强的替代关系，因此，中国自加拿大的大麦进口增长最多，增加了 2.89%，进口价格上涨了 0.80%。中国自其他国家的进口量增加了 1.68%，进口价格上涨了 1.27%。中国自法国的大麦进口量相对较少，仅增加了 1.39%，大麦进口价格上涨了 0.96%。此时，与基础情景相比，中国自澳大利亚、加拿大和法国的大麦进口量占中国大麦总进口的比例由 67.79% 下降至 65.09%。

情景 2 模拟结果显示，若中澳贸易关系缓和（自澳大利亚进口大麦关税降低至 30%），中国大麦进口总量较基础情景减少 26.74 万 t，下降约 3.17%，加权平均后的大麦进口价格上涨 4.87%（表 6-9）。总体而言，此时进口数量和进口价格较基础情景的偏离程度较小，中国大麦进口受到的影响较小。从进口来源的变动情况来看，中国

自澳大利亚的大麦进口量减少了21.39%，进口价格上涨了29.27%。此时存在一定的贸易转移效应，中国自加拿大、法国及其他国家的进口量分别较基础情景增加1.45%、0.70%、0.85%，进口价格分别上涨了0.40%、0.49%、0.64%。

表6-9 大麦进口关税政策调整情景模拟结果

单位：万t、美元/t

| 进口来源国 | 情景1模拟 | | 情景2模拟 | | 情景3模拟 | |
|---|---|---|---|---|---|---|
| | 进口量 | 进口价格 | 进口量 | 进口价格 | 进口量 | 进口价格 |
| 澳大利亚 | 91.44 | 426.53 | 123.69 | 300.97 | 73.12 | 545.82 |
| 加拿大 | 233.68 | 206.12 | 230.42 | 205.31 | 235.60 | 206.59 |
| 法国 | 190.70 | 195.23 | 189.40 | 194.31 | 191.46 | 195.77 |
| 其他国家 | 276.65 | 231.28 | 274.38 | 229.84 | 277.97 | 232.12 |

数据来源：作者测算。

情景3模拟结果显示，若中澳贸易关系恶化（自澳大利亚进口大麦关税增加至130%），中国大麦进口总量较基础情景减少66.48万t，下降约7.87%，加权平均后的大麦进口价格上涨13.93%（表6-9）。总体而言，此时进口数量和进口价格较基础情景的偏离程度较大，中国大麦进口受到的影响较大。从进口来源的变动情况来看，中国自澳大利亚的大麦进口量减少了53.53%，进口价格上涨了134.43%。此时存在一定的贸易转移效应，中国自加拿大、法国以及其他国家的进口量分别较基础情景增加3.73%、1.80%、2.17%，进口价格分别上涨了1.03%、1.24%、1.64%。

表6-10反映了大麦进口关税政策调整对国内大麦产业的影响。首先，从国内大麦产量的变动情况来看。3个模拟情景下，国内大麦产量增幅均较小，仅分别较基础情景增加了0.76万t、0.38万t、

0.97万t。这一结果表明,当大麦进口量出现较大幅度下降时,中国大麦产量仍难以实现大幅度的增长,国内大麦市场应对贸易风险的能力较弱。其次,从国内大麦市场价格的变动情况来看。3个模拟情景下国内大麦市场价格增幅均不大,分别上涨2.01%、1.08%、2.34%。主要原因是关税大幅提升之后,中国自澳大利亚的大麦进口量大幅下降,导致中国大麦市场供应总量减少,由此带动中国国内大麦市场价格以及中国自其他国家的大麦进口价格普遍上涨。但是,中国大麦市场价格并未出现大幅上涨,主要原因是:一方面,由于2018年中国商务部对原产于澳大利亚进口大麦实施反倾销调查之后,澳大利亚大麦占中国大麦市场的份额不断下降,截至2020年,中国自澳大利亚进口比例下降至18.46%。另一方面,由于中国国内大麦价格与进口价格存在较大的价差。从国内大麦消费量的变动情况来看,国内大麦消费量分别较基础情景下降5.50%、2.82%、7.01%,表明受关税政策变化影响,部分消费需求难以得到满足。

表6-10 大麦进口关税政策调整情景模拟结果

单位:万t、美元/t

| 情景 | 产量 | 进口量 | 消费量 | 国内价格 |
| --- | --- | --- | --- | --- |
| 基础情景 | 90.12 | 844.62 | 934.75 | 288.82 |
| 情景模拟1 | 90.88 | 792.47 | 883.35 | 294.63 |
| 情景模拟2 | 90.50 | 817.88 | 908.38 | 291.94 |
| 情景模拟3 | 91.09 | 778.15 | 869.24 | 295.58 |

数据来源:作者测算。

## 6.4 本章小结

构建中国大麦进口局部均衡模型,以 2020 年 5 月 19 日中国商务部对原产于澳大利亚的进口大麦征收 80.50% 的反倾销、反补贴关税为事实依据。通过调整 2021 年中国对澳大利亚设定的大麦进口关税税率,探究了中澳贸易摩擦引致的关税政策调整对中国大麦贸易和国内大麦市场的影响,得出了以下结论。

一是基础情景下,2021 年中国大麦总进口量小幅度增长 4.54%,大麦进口来源将进一步向澳大利亚、加拿大、法国集中。国内大麦产量和大麦市场价格的增长幅度较小,分别为 0.13%、0.50%;国内大麦消费量增长 4.55%,达到 934.75 万 t。

二是与基础情景相比,情景模拟 1 的中国大麦进口总量下降 6.18%,加权平均后的大麦进口价格上涨 10.57%;情景模拟 2 的中国大麦进口总量较基础情景减少 26.74 万 t,下降约 3.17%;加权平均后的大麦进口价格上涨 4.87%;情景模拟 3 的中国大麦进口总量较基础情景减少 66.48 万 t,下降约 7.87%;加权平均后的大麦进口价格上涨 13.93%。

三是 3 个情景模拟下的中国大麦产量增幅均较小,表明国内大麦市场应对进口数量大幅下滑风险的能力较弱;国内大麦市场价格受到的影响较小;国内大麦消费量分别较基础情景下降 5.50%、2.82%、7.01%,表明受关税政策变化影响,部分消费需求难以得到满足。

# 7 极端自然灾害影响下中国大麦进口风险模拟

首先，本章对中国主要的大麦进口来源国加拿大、法国的大麦生产情况进行了梳理；其次，利用 EM-DAT 数据统计对 1961—2020 年加拿大、法国的大麦主产区的自然灾害情况进行了评估，并利用 SEA 测算了干旱与洪水这两种极端自然灾害对加拿大与法国大麦生产的影响；最后，通过构建局部均衡模型，模拟分析了极端自然灾害对中国大麦进口的影响。

## 7.1 中国主要大麦进口来源国自然灾害风险评估

### 7.1.1 中国主要大麦进口来源国大麦生产波动情况

加拿大、法国是中国主要的大麦进口来源国，也是全球主要的大麦生产国。从加拿大、法国大麦产量变动特征来看（图 7-1），1961—1971 年加拿大大麦产量快速增加，至 1971 年首次突破 1 000 万 t，达到了 1 309.86 万 t。此后，加拿大大麦产量持续增加但增速减缓，1987 年达到 1 456.81 万 t 的历史峰值。此后，随着收获面积的不断减少，大麦产量开始小幅下降，截至 2020 年下降为 1 074.06 万 t。随着法国单产水平的不断提高，1972 年法国大麦产量突破 1 000 万 t，虽然此后法国大麦收获面积不断减少，但是较高的单产水平使法国大麦产量一直维持在高位，2020 年法国大麦收获面积减少到 197 万 $hm^2$，但法国大麦产量仍然高达 1 027.36 万 t，位居全球大麦产量第四。

图 7-2 反映了 1961—2020 年加拿大、法国大麦收获面积的变动情况。加拿大大麦的收获面积变动幅度较大，总体呈现先增加后减少的变动趋势。1971 年加拿大大麦收获面积达到历史最大值 565.76 万 $hm^2$，与 1961 年相比，增加了 1.53 倍。此后开始呈现波

动减少的趋势，2020 年减少为 280.87 万 hm$^2$，下降至 20 世纪 60 年代的种植水平。法国大麦收获面积呈现先减少后增加的变动趋势。1995 年锐减到历史最低值 136.60 万 hm$^2$，较 1961 年减少近 40%。此后开始缓慢增长，截至 2020 年恢复到 197.23 万 hm$^2$，但是仍较 1961 年减少了 11.8%。

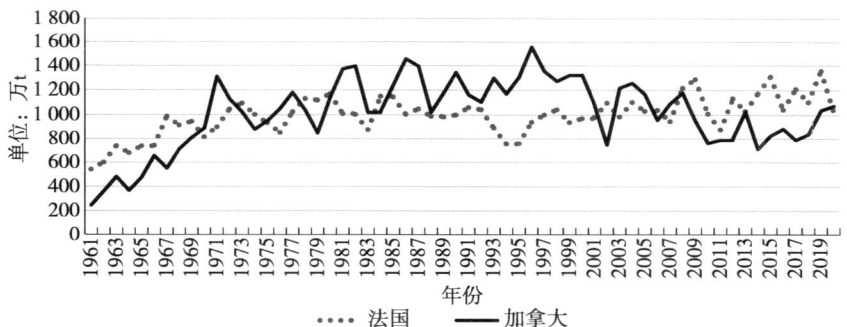

图 7-1　1961—2020 年法国、加拿大大麦产量变动情况

数据来源：FAOSTAT。

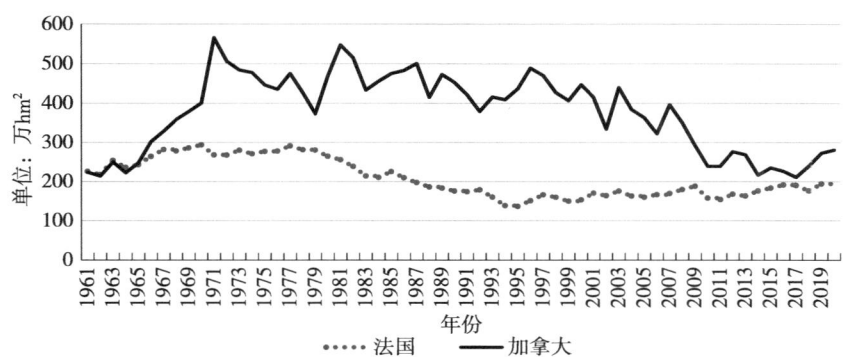

图 7-2　1961—2020 年法国、加拿大大麦收获面积变动情况

数据来源：FAOSTAT。

图 7-3 反映了 1961—2020 年加拿大、法国大麦单产水平的变动趋势。总体而言,法国、加拿大的单产均呈现持续增长的态势。其中,法国大麦单产水平长期保持全球第一,除了得益于技术的进步,还与其专业化、规模化的农业经营方式息息相关。据统计,法国规模化的经营用地高达 93% 以上(贾贵浩,2021)。2015 年,法国大麦单产达到了历史最高值 7 123.70 kg/hm$^2$,是 1961 年的 2.97 倍。此后,受极端自然灾害等外部冲击的影响,其变动较为频繁。例如,2016 年洪水灾害导致大麦单产水平下降幅度高达 19.16%,2018 年干旱致使单产减少 16.76%。截至 2020 年,法国大麦单产下降为 5 209 万 kg/hm$^2$,即便如此,仍然高于全球平均水平。1961—2020 年加拿大大麦单产呈现波动上升的变动趋势。2020 年达到了 3 824 kg/hm$^2$,略高于全球大麦平均单产 3 043.20 kg/hm$^2$,是其 1961 年的 3.49 倍。

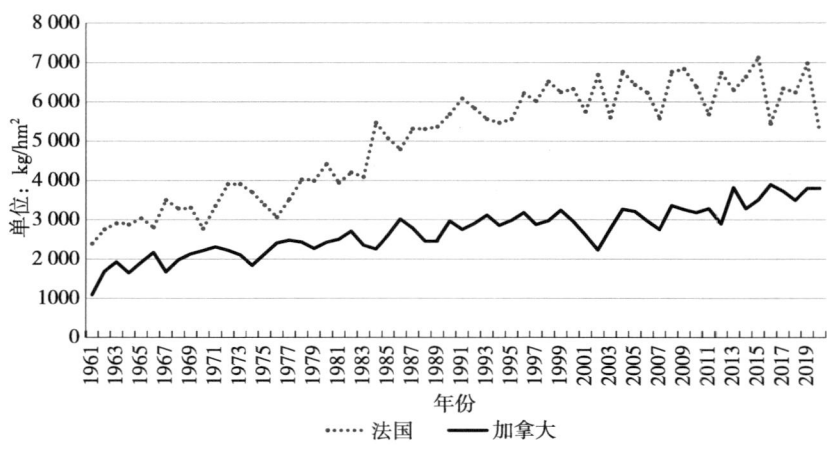

图 7-3 1961—2020 年法国、加拿大大麦单产变化情况

数据来源:FAOSTAT。

## 7.1.2 中国主要大麦进口来源国大麦主产区自然灾害情况

表7-1显示了1961—2020年大麦种植季节在法国、加拿大大麦主产区所发生的各类自然灾害。据EM-DAT数据统计,1961—2020年法国和加拿大大麦主产区分别发生28次和59次自然灾害。就法国而言,洪水发生的次数最多,其次是干旱,分别占总自然灾害发生次数的42.86%、25.00%。就加拿大而言,风暴和洪水发生次数最多,分别占总自然灾害发生次数的33.89%、28.81%。多项研究成果表明,极端自然灾害对农作物产量的影响较大,其中洪水和干旱对农作物产量的影响最大(Teixeira et al., 2013; Deryng et al., 2014)。因此,本研究选取洪水、干旱两种极端自然灾害对法国和加拿大大麦主产区在大麦种植季节造成大麦减产的情况进行分析。

表7-1 法国、加拿大大麦主产区种植季节遭受极端自然灾害概况
(1961—2020年)

| 灾害 | 法国 | | 加拿大 | |
| --- | --- | --- | --- | --- |
| | 次数 | 比例(%) | 次数 | 比例(%) |
| 洪水 | 12 | 42.86 | 17 | 28.81 |
| 风暴 | 5 | 17.86 | 20 | 33.89 |
| 干旱 | 7 | 25.00 | 4 | 6.78 |
| 极端天气 | 4 | 14.29 | 5 | 8.47 |
| 野火 | 0 | 0 | 10 | 16.95 |
| 山体滑坡 | 0 | 0 | 1 | 1.69 |
| 火山活动 | 0 | 0 | 0 | 0 |
| 虫害 | 0 | 0 | 0 | 0 |
| 传染疾病 | 0 | 0 | 2 | 3.39 |
| 地震 | 0 | 0 | 0 | 0 |
| 总灾害 | 28 | — | 59 | — |

数据来源:根据EM-DAT数据整理。

### 7.1.3 极端自然灾害对中国主要大麦进口来源国产量影响的测算

本研究首先使用 SEA 评估洪水、干旱两种极端自然灾害对中国大麦主要进口国家——法国、加拿大大麦生产造成的影响。SEA 是用于增强时间序列数据中的信号，分析某特定事件影响的统计方法。利用 SEA 进行评估，首先，要制作复合矩阵，即对"事件"发生前、发生期间以及发生后的连续时间序列绘制连续观测的固定窗口。其次，将复合矩阵的平均值作为"时代反应"。最后，利用随机化方案对该"反应"的统计意义进行确定，即通过与无效假设进行对比，以评估这种"反应"发生的可能性（Haurwitz et al., 1981）。SEA 已被广泛应用于空间科学和环境科学等领域。例如，分析气候灾害的影响（Kelly et al., 1984；Esper et al., 2013；Levesque et al., 2014；Lesk et al., 2016），或判断火山爆发与气候变化的统计联系等（Baisan et al., 1990；Swetnam, 1993；Gedalof et al., 2005；Hessl et al., 2016；Kipfmueller et al., 2017）。

SEA 的具体操作步骤如下：首先，将洪水或干旱发生的前一年、发生年份、发生后的一年作为一个连续的窗格。其次，对洪水或干旱发生前、发生后的产量分别进行平均化处理。最后，将洪水或干旱发生年份的产量与平均化所得的产量进行对比，计算得出产量损失，即为洪水或干旱对法国、加拿大大麦产量的影响。同理，重复以上步骤计算得出发生洪水或干旱时对法国、加拿大的大麦单产和面积的影响。考虑到法国分别在 1990 年、2003 年发生两次极端高温天气，均对大麦生产造成负面影响。为了更加全面地衡量极端自然灾害对大麦生产造成的损失，本研究将这两次极端高温对大麦生产的影响纳入干旱对大麦生产的影响之中。

表 7-2 显示了 1961—2020 年洪水或干旱对法国大麦生产造成的影响。据 EM-DAT 数据统计，1961—2020 年在大麦种植季节，法国大麦主产区共发生 12 次洪水、7 次干旱，其中，4 次洪水、4 次干旱造成大麦严重减产。洪水对法国大麦单产、收获面积和产量的平均影响分别为 -8.39%、1.04% 和 -7.70%；干旱造成的平均影响分别为 -8.18%、-0.27%、-8.19%。需要说明的是，极端自然灾害在个别年份对大麦收获面积的影响为正，这主要是法国人为扩大大麦收获面积所致，这也是干旱、洪水对大麦总产量的影响程度要小于对大麦单产影响的原因。

表 7-2 干旱、洪水对法国大麦单产、收获面积、产量的影响

单位：%

| 类型 | 灾害年份 | 单产影响 | 平均影响 | 收获面积影响 | 平均影响 | 产量影响 | 平均影响 |
|---|---|---|---|---|---|---|---|
| 干旱 | 1989—1990 | -1.55 | -8.18 | -0.18 | -0.27 | -0.16 | -8.19 |
|  | 2003 | -16.76 |  | 7.51 |  | -10.50 |  |
|  | 2018 | -6.23 |  | -8.14 |  | -13.90 |  |
| 洪水 | 1993—1994 | -1.67 | -8.39 | -2.83 | 1.04 | -4.65 | -7.70 |
|  | 2001 | -11.70 |  | 7.38 |  | -5.27 |  |
|  | 2005 | -1.01 |  | -2.83 |  | -3.76 |  |
|  | 2016 | -19.16 |  | 2.45 |  | -17.10 |  |

数据来源：根据 EM-DAT 数据整理。

表 7-3 显示了 1961—2020 年洪水或干旱对加拿大大麦生产造成的影响。根据 EM-DAT 数据统计，1961—2020 年在大麦种植季节，

加拿大大麦主产区共发生17次洪水、4次干旱。其中，4次洪水、3次干旱造成当地大麦大幅度减产。洪水对加拿大大麦单产、收获面积和产量的平均影响分别为-7.94%、-9.01%和-16.24%；干旱造成的平均影响分别为-16.96%、-3.52%、-20.53%。由于加拿大位于大西洋，极易受到洪水的影响（Yevdokimov et al.，2021），因此，洪水发生的次数较多。但加拿大90%的大麦种植区域位于其南部，该地区气候干旱，降雨较少（Azooz et al.，2000），因此干旱对产量的影响略大。

表7-3　干旱、洪水对加拿大大麦单产、收获面积、产量的影响

单位：%

| 类型 | 灾害年份 | 单产影响 | 平均影响 | 收获面积影响 | 平均影响 | 产量影响 | 平均影响 |
|---|---|---|---|---|---|---|---|
| 干旱 | 1961 | -35.07 | -16.96 | 4.58 | -3.52 | -32.09 | -20.53 |
|  | 1984 | -8.96 |  | 0.34 |  | -8.87 |  |
|  | 1988 | -6.84 |  | -14.66 |  | -20.62 |  |
| 洪水 | 1974 | -13.24 | -7.94 | 2.67 | -9.01 | -10.91 | -16.24 |
|  | 1988 | -6.84 |  | -14.66 |  | -20.62 |  |
|  | 1995 | -1.11 |  | -2.83 |  | -4.36 |  |
|  | 1997 | -6.53 |  | 2.66 |  | -4.25 |  |
|  | 2002 | -16.93 |  | -21.80 |  | -35.10 |  |
|  | 2006 | -0.43 |  | -15.15 |  | -15.24 |  |
|  | 2014 | -10.47 |  | -13.99 |  | -23.22 |  |

数据来源：根据EM-DAT数据整理。

## 7.2 极端自然灾害风险对中国大麦进口影响的仿真分析

### 7.2.1 经济理论分析

为便于分析，假定仅存在两个出口国和一个进口国，初始状态下国际市场均衡价格为$P_w$。此时，出口国 a 本国市场供给量曲线$S_a$，需求量曲线$D_a$，假定受到极端自然灾害的影响，出口国 a 供给曲线上移至$S_{a1}$，受到供给减少的影响，国际市场均衡价格上升为$P_{w1}$。国际价格上涨带动 b 国产量从$Q_{sb0}$增长至$Q_{sb1}$，并带来出口量的相应增长。b 国产量的变化将使国际市场均衡价格下降为$P_{w2}$（根据历史数据判断，通常$P_{w2}$小于$P_{w1}$）。最终，进口国 c 产量将由$Q_{sc0}$增长至$Q_{sc1}$，需求量$Q_{dc0}$减少至$Q_{dc1}$，进口量相应减少（图 7-4）。进口国 c 供需的变化又将引起国际市场均衡价格和 a、b 两出口国供需的变化，经多轮循环，最终达成均衡状态（韩昕儒，2016）。

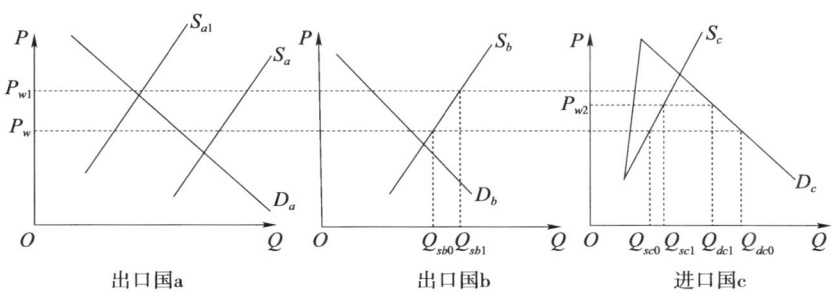

图 7-4　极端自然灾害冲击的影响分析

## 7.2.2 极端自然灾害模拟方案设定

在当前中国对澳大利亚大麦征收"双反"关税背景下,法国、加拿大大麦的生产对于保障中国大麦进口市场的稳定性具有极其重要的作用。通过 SEA 测算,洪水、干旱对法国大麦产量的平均影响分别为 -7.70%、-8.19%,两者的影响程度较为接近,取平均影响值 -7.95% 作为极端自然灾害(洪水或干旱)的影响。同理,洪水、干旱对加拿大大麦产量的影响分别为 -16.24%、-20.53%,取两者平均值 -18.39%,作为发生极端自然灾害(洪水或干旱)时的减产情况。依据这一现实情况,进行情景设置(表 7-4)。

表 7-4 极端自然灾害模拟方案设计

| 方案 | 产量 | 关税 |
| --- | --- | --- |
| 基础情景 | 各国产量自然增长 | 对澳大麦进口大麦征收"零关税",其他国家实施 3% 关税 |
| 情景 1 | 法国大麦减产 7.95% | 对澳大利亚大麦征收 80.50% 的关税,其他国家实施 3% 关税 |
| 情景 2 | 加拿大大麦减产 18.39% | 对澳大利亚大麦征收 80.50% 的关税,其他国家实施 3% 关税 |

## 7.2.3 极端自然灾害对中国大麦进口影响的仿真分析

SEA 测算得出的各国大麦减产情况,放入第 6 章所构建的中国大麦进口局部均衡模型的相应方程之中,并分别模拟两个情景下中国大麦进口和国内大麦市场的变动情况。

#### 7.2.3.1 情景 1 模拟结果分析

相较于基础情景(表 7-5),中国大麦总进口量将下降 9.15%,

约减少 77.27 万 t，根据不同来源国进口量和进口价格加权平均后的中国大麦进口价格将上涨 12.06%，增长至 240.92 美元 /t。具体而言，受法国大麦产量减少的直接影响，中国自法国的大麦进口量将大幅下降，降幅为 17.30%，约减少 32.53 万 t。关税变动导致中国自澳大利亚的大麦进口量也将大幅下降，降幅高达 41.68%，约减少 65.59 万 t。在贸易转移效应的影响下，中国自加拿大的大麦进口量将增长 4.31%，约增加 9.8 万 t。中国自其他国家的大麦进口量将增长 2.50%，约增加 6.81 万 t。中国自法国、澳大利亚大麦进口量的减少，推动中国大麦进口价格的普遍上涨，自澳大利亚、加拿大、法国和其他国家的进口价格分别上涨 84.52%、1.18%、1.43% 和 1.90%。

表 7-5　中国大麦进口贸易变动情况仿真结果（情景 1）

单位：万 t、美元 /t

| 进口来源国 | 基础情景 | | 模拟情景 | |
| --- | --- | --- | --- | --- |
| | 进口量 | 进口价格 | 进口量 | 进口价格 |
| 澳大利亚 | 157.35 | 232.83 | 91.76 | 429.61 |
| 加拿大 | 227.13 | 204.49 | 236.93 | 206.90 |
| 法国 | 188.08 | 193.37 | 155.55 | 196.14 |
| 其他国家 | 272.07 | 228.37 | 278.88 | 232.71 |

数据来源：作者测算。

从对国内大麦产业的影响来看（表 7-6）。相较于基础情景，中国国内大麦产量略有增加，产量提高 1.24%，约增加 1.12 万 t，国内大麦市场价格上涨 4.02%，增长至 300.44 美元 /t。国内大麦消费量有所下降，降幅达到 8.60%，约减少 80.39 万 t。

表 7-6　中国大麦生产和消费变动情况仿真结果（情景1）

单位：万 t、美元 /t

| 情景 | 产量 | 进口量 | 消费量 | 国内价格 |
|---|---|---|---|---|
| 基础情景 | 90.12 | 844.62 | 934.74 | 288.82 |
| 模拟情景 | 91.24 | 763.11 | 854.35 | 300.44 |

数据来源：作者测算。

#### 7.2.3.2　情景2模拟结果分析

相较于基础情景（表7-7），中国大麦总进口量将下降9.15%，约减少77.27万t，加权平均后的中国大麦进口价格将上涨11.81%，增长至240.39美元/t。具体而言，因受加拿大大麦产量减少的直接影响，中国自加拿大的大麦进口量下降10.05%，约减少22.83万t。在进口关税大幅上升的影响下，中国自澳大利亚的大麦进口量也将大幅下降，降幅高达41.66%，约减少65.56万t。在贸易转移效应的影响下，中国自法国的大麦进口量将增长2.16%，约增加4.05万t。中国自其他国家的大麦进口量将增长2.60%，约增加7.07万t。中国自加拿大、澳大利亚大麦进口量的减少，推动中国大麦进口价格的普遍上涨，自澳大利亚、加拿大、法国和其他国家的进口价格分别上涨84.67%、1.23%、1.49%和1.97%。

表 7-7　中国大麦进口贸易变动情况仿真结果（情景2）

单位：万 t、美元 /t

| 进口来源国 | 基础情景 | | 模拟情景 | |
|---|---|---|---|---|
| | 进口量 | 进口价格 | 进口量 | 进口价格 |
| 澳大利亚 | 157.35 | 232.83 | 91.79 | 429.97 |
| 加拿大 | 227.13 | 204.49 | 204.30 | 207.00 |
| 法国 | 188.08 | 193.37 | 192.13 | 196.25 |
| 其他国家 | 272.07 | 228.37 | 279.14 | 232.87 |

数据来源：作者测算。

# 7 极端自然灾害影响下中国大麦进口风险模拟

从对国内大麦产业的影响来看（表 7-8）。相较于基础情景，中国国内大麦生产略有增加，产量提高 1.29%，约增加 1.16 万 t，国内大麦市场价格上涨 4.02%，涨至 300.44 美元/t。国内大麦消费量下降 8.14%，约减少 76.1 万 t。

表 7-8 中国大麦生产和消费变动情况仿真结果（情景 2）

单位：万 t、美元/t

| 情景 | 产量 | 进口量 | 消费量 | 国内价格 |
| --- | --- | --- | --- | --- |
| 基础情景 | 90.12 | 844.62 | 934.74 | 288.82 |
| 模拟情景 | 91.28 | 767.37 | 858.64 | 300.44 |

数据来源：作者测算。

从情景 1、情景 2 的模拟结果可以看出，在中澳贸易摩擦期间，若法国或加拿大的大麦生产遭受极端自然灾害的冲击，中国大麦进口量将大幅下降，进口价格也将有较大幅度的上涨。但在现有技术水平条件下，中国大麦产量增长十分有限，难以有效弥补大麦供给缺口，这意味着中国大麦进口面临着一定的风险。

## 7.3 本章小结

基于 SEA 评估极端自然灾害对法国和加拿大大麦生产的影响，并将上述影响作为外部冲击放入中国大麦进口局部均衡模型之中，具体探讨了在对澳征收"双反"关税背景下，极端自然灾害冲击对中国大麦进口与国内大麦市场的影响。得出以下主要结论：

一是 SEA 评估结果显示，1961—2020 年干旱和洪水平均造成法国、加拿大大麦产量分别减少 7.59%、18.39%。

二是相较于基础情景，情景 1 的中国大麦总进口量减少 9.15%，加权平均后的大麦进口价格上涨 12.06%。其中，自澳大利亚、法国的大麦进口量分别减少 41.68%、17.30%，在贸易转移效应的影响下，中国自加拿大、其他国家的大麦进口量分别增加 4.31%、2.50%。从对国内大麦市场的影响来看，国内大麦产量和价格分别上涨 1.24%、4.02%，消费量下降 8.6%。

三是相较于基础情景，情景 2 的中国大麦总进口量减少 9.15%，加权平均后的大麦进口价格上涨 11.81%。其中，自澳大利亚、加拿大的大麦进口量分别减少 41.66%、10.05%，在贸易转移效应的影响下，自法国、其他国家的大麦进口量分别增加 2.16%、2.60%。从对国内大麦市场的影响来看，国内大麦产量和价格分别上涨 1.29%、4.02%，消费量下降 8.14%。

# 8 中国大麦进口风险对策分析及效果模拟

通过前文分析可以看出,中国大麦进口面临着一定的风险,而贸易摩擦引起的关税政策调整、极端自然灾害等外部冲击更是加剧了此类风险。为此,本章着重从国内、国外两个视角出发,进一步探究风险应对策略。具体而言,本章首先梳理国内外应对农产品贸易风险的成熟做法,分析发展国内大麦产业和拓宽大麦进口来源的可行性,然后运用局部均衡模型模拟相应措施效果,进一步探究应对大麦进口风险的策略。

## 8.1 国内外应对农产品贸易风险的对策梳理

当前关于应对农产品贸易风险的对策主要可分为三类。

第一类对策强调发展国内产业。即通过扩大种植规模、提升机械化率、实施优质高产技术攻关、加强良种培育和技术推广等措施来提升国内单产水平和质量,从而最大限度减少进口,例如中国通过实施"粮改饲"、玉米大豆套种等农业供给侧结构性改革,大幅增加了国内青贮玉米、大豆的收获面积,一定程度上减轻了中国饲料粮高度依赖国际进口(李秀香 等,2011;徐雪高 等,2015;司伟 等,2021;胡欣然,2021)。

第二类对策强调拓宽贸易渠道。即通过实施多元化进口策略,分散进口风险,甚至主动出击建立海外生产基地,稳定进口来源,近年来中国通过加强与俄罗斯、哈萨克斯坦、乌克兰等国家的贸易合作,一定程度上促进了贸易来源的多元化发展,诸多学者还认为,共建"一带一路"国家的农业生产潜力尚且存在较大的提升空间,中国可借助"一带一路"的优势,建立区域性的粮食交易市场,实施多元化的进口策略,从而进一步降低农产品进口风险(张琳,2014;王瑞峰,2019;崔宁波 等,2019;谭琳元 等,2020)。

第三类通过促进农业海外投资，加强农业的国际化合作也是降低贸易风险的重要举措（Zhang et al., 2016）。韩国、日本等国内资源禀赋较为贫乏的国家更多采取这种方式增加国内市场供应，来应对国际贸易风险。例如，1979 年韩国首次在阿根廷租种耕地，这成为韩国开始发展海外农业投资的标志。此后，韩国在亚洲、非洲等地区多国进行投资，目前已在坦桑尼亚、菲律宾等国家通过耕地租赁的方式进行农业生产，来确保国内的粮食供给（晏莹 等，2015）。同样，日本采取以企业为主导，政府支持为辅助的海外投资模式，通过与国外农户签订长期购买合同等方式，来稳定国内粮食来源（徐振伟，2020）。近年来，美国对农林牧渔的海外投资以年均 7.90% 的速度不断增长，占全球海外农业总投资的比例超已过 50%（周玉琦，2019；卢昱嘉 等，2020）。

## 8.2　中国发展大麦产业应对贸易风险可行性分析及效果模拟

### 8.2.1　发展大麦产业可行性分析

#### 8.2.1.1　扩大中国大麦收获面积可行性分析

扩大大麦收获面积是提升中国大麦产量的直接途径。由于大麦属于小杂粮，缺乏相关政策支持，其收获面积主要受到比较效益的影响。从实地调研情况来看，大麦与同时期竞争性农作物相比效益明显偏低，导致农户大麦种植意愿较低，大麦收获面积逐年减少。以河南驻马店为例（表 8-1），2016—2020 年每亩小麦的收益较大麦高出 75.75 元，甚至在算入人工成本时，某些年份大麦的种植收益为负数。较低的收益使全国大麦收获面积连年减少。

表 8-1 大麦、小麦成本收益比较

单位：kg/亩、元/kg、元/亩

| 项目 | 2016年 | | 2017年 | | 2018年 | | 2019年 | | 2020年 | |
|---|---|---|---|---|---|---|---|---|---|---|
| | 大麦 | 小麦 | 大麦 | 小麦 | 大麦 | 小麦 | 大麦 | 小麦 | 大麦 | 小麦 |
| 单产 | 410 | 440 | 395 | 400 | 370 | 410 | 415 | 450 | 406 | 439 |
| 单价 | 1.70 | 2.00 | 1.80 | 2.04 | 1.86 | 2.00 | 1.88 | 2.06 | 1.96 | 2.10 |
| 成本 | 716 | 780 | 691 | 755 | 708 | 758 | 686 | 746 | 676 | 752 |
| 收益 | -19 | 100 | 20 | 61 | -19.80 | 62 | 94.20 | 181 | 119.76 | 169.90 |

数据来源：由当地农业部门提供。

注：成本包含种子、化肥、农药、机械及人工等部分。

大麦品质参差不齐是导致中国大麦种植收益偏低的原因之一，大部分只能作为价格相对低廉的饲料原料，仅5%的国产大麦作为啤酒酿造原料。据统计，饲料企业对大麦的收购价格要低于啤酒企业近50%。进而通过提升大麦品质，增加啤酒大麦销售比例，可以提升大麦种植收益，推动大麦收获面积的扩大。

#### 8.2.1.2 提升中国大麦种植效率可行性分析

提升大麦种植效率是在有限资源禀赋条件下增加中国大麦产量的重要途径。2016—2020年中国大麦平均单产基本保持在 3 500 kg/hm$^2$，其间没有出现明显的增长。从全球大麦主产国的单产比较情况来看（表8-2），中国仅高于澳大利亚和乌克兰，处于较低水平，具有较大的提升空间。若达到2020年阿根廷的 4 108.20 kg/hm$^2$，在现有种植条件下中国大麦产量可提升18.68%；若达到2020年德国的 6 459.10 kg/hm$^2$，现有种植条件下中国大麦产量可提升86.60%。

表 8-2　主要大麦生产国单产情况　　　　单位：kg/hm²

| 年份 | 德国 | 法国 | 加拿大 | 阿根廷 | 丹麦 | 乌克兰 | 澳大利亚 | 中国 |
|---|---|---|---|---|---|---|---|---|
| 2016 | 6 685.70 | 5 444.00 | 3 901.40 | 3 960.80 | 5 587.20 | 3 300.10 | 2 189.20 | 3 479.90 |
| 2017 | 6 930.20 | 6 345.20 | 3 733.80 | 4 299.10 | 5 999.80 | 3 312.00 | 2 793.90 | 3 288.60 |
| 2018 | 5 766.30 | 6 246.00 | 3 498.50 | 4 182.70 | 4 331.90 | 2 958.20 | 2 243.80 | 3 644.10 |
| 2019 | 6 783.40 | 6 977.40 | 3 806.60 | 4 073.10 | 6 215.00 | 3 417.40 | 1 987.80 | 3 461.50 |
| 2020 | 6 459.10 | 5 209.00 | 3 824.00 | 4 108.20 | 6 363.30 | 3 216.00 | 2 009.00 | 3 461.50 |

数据来源：FAOSTAT。

从国内调研情况来看，中国的农业生产多为小规模经营，规模效益较低，而通过培育新型农业经营主体发挥其规范化管理，从而实现规模化、机械化种植，则能够在一定程度上带动生产效率和经营效益的提升。以 2018 年农户、种粮大户以及合作社 3 种经营主体的大麦种植情况进行对比分析（表 8-3）。就大麦生产成本而言，种粮大户的总成本最高，其次是农户与合作社。主要原因是种粮大户承担了较高的土地流转费用，占到总成本的 47.02%。就大麦种植的农资费用（种子、化肥、农药）而言，小农户的农资费用最高为 260 元/亩，合作社的农资费用最低为 137 元/亩。究其原因，一方面，合作社等新型农业经营主体通过集中购买的方式大幅降低了物资的采购成本，农药以及种子的价格分别较市场价格低 15%、10%。另一方面，在缺乏专业技术人员指导的情况下，小农户的农药、化肥使用不规范，在一定程度上增加了农药、化肥的使用成本。从单产水平来看，虽然小农户的农资费用最高，但是其单产反而最低，仅为种植大户、合作社的 89.50%、88.40%，存在一定的提升空间。

表 8-3　中国 3 种经营主体大麦种植情况

| 项目 | 农户 | 种植大户 | 合作社 |
|---|---|---|---|
| 种子费用/（元/亩） | 100 | 45 | 42 |
| 农药费用/（元/亩） | 30 | 20 | 25 |
| 化肥费用/（元/亩） | 130 | 113 | 70 |
| 机械费用/（元/亩） | 130 | 110 | 60 |
| 燃料/（元/亩） | 30 | — | 30 |
| 人工/（元/亩） | 120 | 50 | 10 |
| 土地租赁费 | — | 300 | 250 |
| 其他费用 | — | — | — |
| 每亩总成本/（元/亩） | 540 | 638 | 487 |
| 亩产/（kg/亩） | 358 | 400 | 405 |
| 出售单价/（元/kg） | 1.8 | 1.7 | 1.72 |
| 每亩收益/（元/亩） | 104.4 | 45 | 209.6 |

数据来源：作者调研。

## 8.2.2　发展大麦产业效果模拟

### 8.2.2.1　情景设置

运用中国大麦进口局部均衡模型，模拟发展大麦产业应对国际贸易风险的效果。结合前文分析，假定中国大麦种植效率实现明显提升，接近 2020 年德国单产水平，由此设定中国大麦单产增长 80%。同时，从第 7 章的分析可知，当法国遭受极端自然灾害，且中国对澳大利亚大麦征收 80.50% 的反倾销、反补贴关税时，中国大麦进口受到的影响最大。因此，基于以上外部冲击的背景，模拟中国大麦单产提高 80% 时，国内大麦市场的变动情况。情景设置见表 8-4。

# 8 中国大麦进口风险对策分析及效果模拟

表 8-4 模拟方案设计

| 方案 | 产量 | 关税 |
|---|---|---|
| 基础情景 | 法国大麦减产 7.95% | 对澳大利亚进口大麦征收 80.50% 的关税,其他国家实施 3% 关税 |
| 模拟情景 | 法国大麦减产 7.95%<br>中国大麦单产增长 80% | 对澳大利亚进口大麦征收 80.50% 的关税,其他国家实施 3% 关税 |

### 8.2.2.2 模拟结果分析

相较于基础情景(表 8-5),模拟情景大麦进口价格仅下降 1.09%,下降幅度很小,这表明即使中国大麦产量大幅增长也难以有效应对大麦进口价格大幅上涨的风险。可能的原因是,中国大麦产量远小于进口量,现有产量的增长幅度难以对进口价格产生明显影响。模拟情景中大麦进口量减少 1.99%,国内大麦产量增长 78.39%,最终带动大麦消费量增长 6.59%,表明中国大麦产量的增长能够较为有效地应对大麦进口数量下降的风险,直接保障国内大麦市场需求。但考虑到使中国大麦单产提升 80% 左右的难度较大,通过发展国内大麦产业应对贸易风险的成本不容小觑。

表 8-5 中国大麦市场变动情况仿真结果

单位:万 t、美元 /t

| 情景 | 产量 | 进口量 | 消费量 | 进口价格 | 国内价格 |
|---|---|---|---|---|---|
| 基础情景 | 91.24 | 763.11 | 854.35 | 240.92 | 300.44 |
| 模拟情景 | 162.76 | 747.89 | 910.65 | 238.3 | 292.62 |

数据来源:作者测算。

注:进口价格由各国进口量和进口价格加权平均计算。

## 8.3 中国实施进口多元化策略应对贸易风险可行性分析

### 8.3.1 短期拓宽大麦进口来源可行性分析

为了准确分析中国拓宽大麦潜在进口来源的可行性,本节研究选取了除澳大利亚、加拿大、法国以外的其他大麦生产国家作为分析对象,分别从各国的产量、出口量以及对中国的出口量3个角度进行分析(表8-6)。首先,从各国产量来看,2018—2020年俄罗斯、德国、乌克兰的平均产量一直位居前三。尤其是俄罗斯作为全球第一大大麦生产国,大麦产量逐年增长,2020年达到了2 093.90万t。从各国出口量来看,虽然英国、美国、丹麦的大麦产量较多,但主要用于国内消费,对外出口量相对较少。2018—2020年平均出口量最多的3个国家分别是俄罗斯、乌克兰、阿根廷。从各国对中国的出口情况来看,俄罗斯、乌克兰、阿根廷、丹麦、哈萨克斯坦均与中国建立了大麦贸易往来。

表8-6 主要国家大麦生产、贸易情况　　　　单位:万t

| 国家 | 2018年 | | | 2019年 | | | 2020年 | | |
| --- | --- | --- | --- | --- | --- | --- | --- | --- | --- |
| | 产量 | 出口量 | 出口中国 | 产量 | 出口量 | 出口中国 | 产量 | 出口量 | 出口中国 |
| 俄罗斯 | 1 699.19 | 544.16 | 0 | 2 048.91 | 394.06 | 0 | 2 093.90 | 496.34 | 1.9 |
| 德国 | 958.36 | 186.31 | 0 | 1 159.15 | 158.05 | 0 | 1 076.92 | 241.49 | 0 |
| 乌克兰 | 734.91 | 359.74 | 38.22 | 891.67 | 234.88 | 87.39 | 763.63 | 504.63 | 257.58 |
| 英国 | 651.00 | 83.84 | 0 | 804.8 | 166.62 | 0 | 811.70 | 157.49 | 0 |
| 阿根廷 | 506.11 | 258.76 | 0 | 511.72 | 251.74 | 6.6 | 448.31 | 233.31 | 42.73 |
| 哈萨克斯坦 | 397.12 | 175.49 | 0 | 383.01 | 164.01 | 3.06 | 365.93 | 98.03 | 19.69 |

续表

| 国家 | 2018年 | | | 2019年 | | | 2020年 | | |
|---|---|---|---|---|---|---|---|---|---|
| | 产量 | 出口量 | 出口中国 | 产量 | 出口量 | 出口中国 | 产量 | 出口量 | 出口中国 |
| 美国 | 334.26 | 9.11 | 0 | 369.18 | 11.91 | 0 | 359.95 | 18.71 | 0 |
| 丹麦 | 344.51 | 66.91 | 0.52 | 362.45 | 52.24 | 0 | 415.65 | 71.75 | 1.78 |

数据来源：FAOSTAT。

参照宋海英等（2021）的做法，利用剩余空间1（产量－对中国出口量）和剩余空间2（出口总量－对中国出口量）两个指标，测算上述国家的大麦出口空间，进一步分析短期拓宽中国大麦进口来源的可行性。剩余空间1反映了中国潜在大麦进口量的理论值，理论上中国自俄罗斯、德国、乌克兰、美国、英国、阿根廷、哈萨克斯坦、丹麦的大麦进口潜力较大。剩余空间2反映了中国可进一步从当前国际贸易市场中获得的大麦进口量。其中，中国自俄罗斯的进口潜力最大，为494.44万t，自德国、乌克兰、阿根廷的潜在进口量在200万～300万t。这意味着在实际贸易中，中国仍具有拓宽进口来源的巨大空间，能够通过调整进口来源有效应对大麦进口风险（表8-7）。

表8-7　2018—2020年主要国家大麦出口剩余空间

单位：万t

| 国家 | 2018年 | | 2019年 | | 2020年 | |
|---|---|---|---|---|---|---|
| | 剩余空间1 | 剩余空间2 | 剩余空间1 | 剩余空间2 | 剩余空间1 | 剩余空间2 |
| 俄罗斯 | 1 699.19 | 544.16 | 2 048.91 | 394.06 | 2092 | 494.44 |
| 德国 | 958.36 | 186.31 | 1 159.15 | 158.05 | 1 076.92 | 241.49 |
| 乌克兰 | 696.69 | 321.52 | 804.28 | 147.49 | 506.05 | 247.05 |

续表

| 国家 | 2018年 | | 2019年 | | 2020年 | |
|---|---|---|---|---|---|---|
| | 剩余空间1 | 剩余空间2 | 剩余空间1 | 剩余空间2 | 剩余空间1 | 剩余空间2 |
| 英国 | 651 | 83.84 | 804.8 | 166.62 | 811.7 | 157.49 |
| 阿根廷 | 506.11 | 258.76 | 505.12 | 245.14 | 405.58 | 190.58 |
| 哈萨克斯坦 | 397.12 | 175.49 | 379.95 | 160.95 | 346.24 | 78.34 |
| 美国 | 334.26 | 9.11 | 369.18 | 11.91 | 359.95 | 18.71 |
| 丹麦 | 651 | 83.84 | 362.45 | 52.24 | 413.87 | 69.966 |

数据来源：作者根据 FAOSTAT 数据测算。

## 8.3.2 长期拓宽大麦进口来源可行性分析

中国大麦长期进口潜力主要与各国大麦生产潜力相关。参照周曙东等（2015）基于 FAO 的 GAEZ 数据库，测算世界粮食主要出口国家的潜在耕地数量及粮食产量的做法，本研究对俄罗斯等主要国家的大麦增产潜力进行了测算。

测算结果显示（表8-8），俄罗斯和阿根廷的潜在产量最大，为3 383.47万t和3 748.12万t，分别是2020年俄罗斯、阿根廷大麦产量的1.62倍、8.36倍。乌克兰、哈萨克斯坦因潜在可用耕地数量较少，其潜在产量仅分别为756.75万t和157.79万t。上述国家大麦潜在总产量的10%即可满足当前中国的大麦进口需求。虽然以上国家的生产潜力较大，能够在长期为中国拓宽大麦进口来源提供有力支撑，但可能面临较为高昂的进口成本。例如，受地理位置和气候的影响，俄罗斯的耕地常年遭受侵蚀、盐渍化等，扩大潜在耕地需要进行大量的投资。

表 8-8　潜在进口国的生产能力　　　单位：万 $hm^2$、万 t

| 国家 | 大麦播种面积 | 大麦播种面积占比 | 潜在播种面积 | 潜在产量 |
|---|---|---|---|---|
| 俄罗斯 | 826.74 | 18.55 | 7 730.76 | 3 383.47 |
| 阿根廷 | 109.12 | 7.48 | 12 175.62 | 3 748.12 |
| 乌克兰 | 237.45 | 17.56 | 1 346.70 | 756.75 |
| 哈萨克斯坦 | 272.88 | 16.85 | 668.90 | 157.79 |

数据来源：根据周曙东等（2015）数据测算。

## 8.4　本章小结

本章通过分析发展国内大麦产业和拓宽大麦进口来源的可行性，进一步探究应对大麦进口风险的策略，主要得出以下结论：

一是当前大麦种植缺乏比较效益，广大农户缺乏种植大麦的意愿，难以通过扩大种植面积应对大麦贸易风险。

二是虽然与其他主要大麦生产国相比，中国大麦单产水平较低，具有较大的提升空间，但政策效果模拟结果显示：当中国大麦单产提升 80% 时，模拟情景下大麦进口量减少 1.99%，国内大麦产量增长 78.39%，最终带动大麦消费量增长 6.59%，表明依靠发展国内大麦产业难以有效应对大麦进口价格风险，且应对数量风险的成本较高。

三是通过培育新型经营主体，发挥规范化管理，规模化、机械化种植能够增加种植效益，在一定程度上推动国内大麦产业发展。

四是中国可通过实施进口多元化战略应对贸易风险。就短期而言，中国具有拓宽进口来源的巨大空间；就长期而言，俄罗斯等大麦生产国的增产潜力较大，能够为中国拓宽大麦进口来源提供有力支撑，但可能面临较为高昂的成本。

# 9 研究结论与政策建议

## 9.1 研究结论

### 9.1.1 中国大麦进口面临的价格风险较小

在 2015 年 1 月—2021 年 6 月，仅有 14 个月存在"中国大麦进口价格随其进口量大幅增长"的情况，表明中国面临大麦进口价格大幅上涨的风险总体较小。结合中国大麦进口量频繁、大幅波动这一特征来看，虽然出现价格风险的概率不大，但极可能对大麦加工企业造成经济损失。市场势力模型测算结果显示，澳大利亚、加拿大在中国大麦进口市场上具备一定的市场势力，但以上两个国家与中国在大麦贸易中存在相互依赖关系，进而削弱了两国对贸易价格的控制力，法国在中国大麦进口市场上不具有明显的市场势力，以上 3 个国家均难以通过控制大麦出口量来大幅推高中国大麦进口价格。近年来，中国大麦需求快速增长和国内生产的严重不足是引起中国大麦进口价格面临风险的主要原因。值得注意的是，法国占中国大麦进口市场份额的提升将促使其大麦出口价格上涨并强化其市场势力，这意味着中国若不能及时开拓新兴大麦进口市场来抑制法国市场份额的增长，将加剧进口价格上涨的风险。

### 9.1.2 多因素叠加导致中国面临大麦进口数量风险

HP 滤波法分解结果显示，受全球大麦出口规模的不稳定、进口来源集中和国内价格高企等多种因素共同影响，在 2015 年 1 月—2021 年 6 月，有 23 个月存在"中国大麦实际进口量对长期趋势值大幅偏离"的情况，且发生频率持续加快、偏离幅度不断扩大，中国大麦进口面临进口数量风险。CMS 模型测算结果表明，从规模效应来看，全球大麦出口规模的不稳定不仅难以有效满足中国大麦需求的快速增长，还在一定程度上使中国面临大麦进口数量短缺或过剩的风险。从结构效应来看，中国大麦进口来源主要集中在澳大利亚、法国、加拿大等国，未能及时根据国内外市场供需情况充分利用新兴大麦出口市场，在一定程度上加剧了中国面临大麦进口数量的风险。从进口引力效应来看，始终高企的大麦进口价格使中国具有较强的进口引力，受国内产业政策和贸易摩擦的影响，中国大麦进口引力效应的作用时常难以与大麦进口价格所反映的国内市场供需情况相匹配，这是造成中国面临大麦进口数量风险的重要缘由。同时，中国大麦进口趋势值快速增长也是造成中国面临大麦进口数量风险的重要原因。

### 9.1.3 中澳贸易摩擦引致的关税调整对中国大麦进口影响较大

局部均衡模型模拟结果显示，在基础情景下，2021年中国大麦进口量增长4.54%，进口来源集中于澳大利亚、法国和加拿大，中国自以上3个国家的进口比例达到67.79%。国内大麦产量仅增加了0.13%，大麦进口价格上涨0.50%，国内大麦消费增加4.55%。当中国对原产于澳大利亚的进口大麦征收80.50%的反倾销、反补贴关税后，中国大麦进口量将较基础情景下降6.18%，加权平均后的大麦进口价格上涨10.57%，其中自澳大利亚进口大麦价格上涨83.19%、进口量下降41.89%。受贸易转移效应影响，中国自加拿大、法国、其他国家的大麦进口量分别增加2.89%、1.39%、1.68%，大麦进口价格分别上涨0.80%、0.96%、1.27%。当中澳贸易关系改善，对澳大利亚进口大麦的关税下调至30%时，与基础情景相比，中国大麦进口量下降3.17%，加权平均后的进口价格上涨4.87%，其中对澳大利亚大麦进口量减少21.39%、进口价格上涨29.27%；大麦进口转移至加拿大、法国及其他国家，进口量分别较基础情景增加 1.45%、0.70%、0.85%，进口价格分别上涨 0.40%、0.49%、0.64%。当中澳贸易关系进一步恶化，对澳大利亚进口大麦的关税上调至 130% 时，与基础情景相比，中国大麦进口量下降 7.87%，加权平均后的进口价格上涨 13.93%，其中自澳大利亚大麦进口量减少 53.53%、进口价格上涨 134.43%；大麦进口转移至加拿大、法国以及其他国家，进口量分别较基础情景增加 3.73%、1.80%、2.17%；进口价格分别上涨 1.03%、1.24%、1.64%。以上 3 种情景对中国国内大麦生产的影响较小，国内大麦产量分别增加 0.84%、0.42%、1.08%，国内大麦价格分别上涨 2.01%、1.08%、2.34%，国内大麦消费量分别下降 5.50%、2.82%、7.01%。

### 9.1.4 极端自然灾害加剧中国大麦进口风险

1961—2020 年洪水分别造成法国和加拿大大麦产量平均减少 7.70%、16.24%，干旱分别造成法国和加拿大大麦产量平均减少 8.19%、20.53%。基于极端自然灾害对以上两个国家大麦产量形成的负面冲击，结合中国对原产于澳大利亚进口大麦征收 80.50% 的反倾销、反补贴关税为事实依据进行情景设置模拟，结果显示，极端自然灾害造成法国大麦产量减少 7.59% 时，与基础情景相比，中国大麦总进口量减少 9.15%，加权平均后的大麦进口价格上涨 12.06%；中国对澳大利亚、法国大麦进口量分别减少 41.68%、17.30%，进口价格分别上涨 84.52%、1.43%；在贸易转移效应的影响下，中国对加拿大以及其他国家大麦进口量分别增加 4.31%、2.50%。极端自然灾害造成加拿大大麦减产 18.39% 时，与基础情景相比，中国大麦总进口量减少 9.15%，加权平均后的大麦进口价格上涨 11.81%；中国对澳大利亚、加拿大大麦进口量分别减少 41.66%、10.05%，进口价格分别上涨 84.67%、1.23%；在贸易转移效应的影响下，中国对法国以及其他国家大麦进口量分别增加 2.16%、2.60%。以上两种情景对中国国内大麦生产的影响较小，国内大麦产量分别增加 1.24%、1.29%，国内大麦价格分别上涨 4.02%、4.02%，国内大麦消费量分别下降 8.60%、8.14%。

### 9.1.5 可通过发展国内大麦产业和实施进口多元化策略应对贸易风险

发展国内大麦产业、实施进口多元化策略是有效应对大麦进口风险的主要途径。从发展国内大麦产业看，可通过提升大麦种植技术，培育新型经营主体，提高大麦种植效益，推动大麦收获面积的扩大，但依靠发展国内大麦产业难以有效应对大麦进口价格风险，且应对进口数量风险的成本较高。从实施进口多元化战略看，就短期而言，中国具有拓宽进口来源的巨大空间；就长期而言，俄罗斯等大麦生产国的大麦增产潜力较大，能够为中国拓宽大麦进口来源提供有力支撑，但可能面临较为高昂的成本。

## 9.2 政策建议

### 9.2.1 拓宽进口来源，完善大麦进口调控政策

#### 9.2.1.1 实施多元化大麦进口策略，规避单一渠道带来的风险

应实施多样化的进口策略，与更多的国家建立大麦贸易关系，促进中国大麦进口贸易朝着多元化的方向发展，避免垄断贸易结构带来的进口风险。首先，通过细化中国大麦进口品种分类，促进进口来源多样化，将饲料大麦的市场份额转移至法国、俄罗斯、乌克

兰、阿根廷等国家，打破中国啤酒大麦和饲料大麦统一进口价格、进口来源的局面。其次，在稳定原有进口来源国的基础上，积极拓宽新的大麦贸易合作伙伴，尤其是加强与阿根廷、乌克兰、俄罗斯等尚存在较大生产潜力的国家的贸易往来。

#### 9.2.1.2 完善大麦产业损害防范与救济机制，合理利用贸易救济措施保护国内大麦产业

定期开展大麦产业损害评估，对大麦产业的中长期发展进行安全评定，加强对国内大麦产业损害的监测和预警。当大麦产业受到损害威胁或已受到损害时，通过征收额外关税等保障性的贸易救济措施保护国内大麦产业。积极推动大麦进口预警分级评价标准及应对方案的制定，创建公平的大麦贸易环境。

### 9.2.2 建立健全大麦市场监测预警体系，提高贸易谈判能力

#### 9.2.2.1 健全大麦市场监测预警与应急保障体系，确保国内大麦市场平稳运行

一是围绕国外大麦生产成本、大麦国际价格建立监测、预警系统。关注极端自然灾害、气候变化以及局部冲突、贸易摩擦等外部冲击对国际大麦供给体系的影响，加强对国际大麦市场供求的分析和预测，并及时发布预警信息，帮助国内大麦产业相关主体规避因国际市场过度波动带来的风险。二是组建专业化的大麦数据分析团队，加强对国内大麦生产的产前、产中、产后3个环节的行情监测及预警，对大麦及同期竞争性农作物的成本收益、市场价格、产销形势进行研判，并及时将信息反馈给种植主体，引导农户合理安排大麦生产。

#### 9.2.2.2 提升中国在大麦国际贸易中的议价能力，规避大麦低效率进口风险

一是建立中国大麦加工企业联盟，规范大麦进口合同管理。通

过不断强化企业联盟的集中采购能力，切实提高国内企业在大麦进口中的议价能力，有效规避大麦进口中面临的潜在风险，稳定大麦进口价格。二是与荷兰、日本、沙特阿拉伯等其他大麦主要进口国家结成国际大麦采购联盟，充分发挥"大买家"的谈判优势，进行统一议价，提高在大麦贸易中的定价能力，实现风险共担、利益共赢。三是立足中国大麦产业发展现状，尽快上市交易大麦期货。依托大连商品交易所和郑州商品交易所，尽快开展大麦期货交易的可行性研究，充分发挥期货市场的价格发现功能，帮助国内大麦种植主体和加工企业及时了解大麦市场的发展动向，提高决策水平，增强大麦进口谈判主动权，避免盲目抢购而造成低效率进口。

### 9.2.3 多措并举，提高国内大麦生产能力

#### 9.2.3.1 建立"大麦产业体系+企业"联盟，聚焦"靶向式供给"

一是积极研发和培育能够满足加工企业要求的大麦新品种，在资金和技术方面支持国家大麦青稞产业技术体系开展大麦品种的选育，对国内加工企业形成"靶向式供给"，共同提升国产大麦品质。二是通过建立"国家大麦青稞产业技术体系+啤酒企业"联盟，形成联系紧密的产学研关系。促进国内大麦产业的持续稳步发展，逐步降低国内大麦长期以来高度依赖进口的局面，提高应对贸易风险的能力。

#### 9.2.3.2 积极培育新型农业经营主体，大力发展"订单农业"

一是加强新型农业经营主体培育，因地制宜建立多层次、复合型的新型农业经营体系，鼓励、支持其带动小农户积极参与现代化农业生产，引导大麦生产朝着规模化、专业化的方向发展，降低大麦生产成本和交易成本，提高大麦产量与农户收益。二是大力发展"订单农业"，强化大麦加工企业的社会责任，确保"订单农业"履

约率，帮助大麦种植主体与加工企业形成"利益共享，风险分担"的产销合作关系，降低市场不确定性风险对大麦生产的影响，实现大麦产业平稳发展。

### 9.2.3.3 加大政策扶持力度，促进国内大麦产业持续发展

一是对收购国产大麦的企业给予一定补贴或税收优惠，提供大麦良种、机械补贴并对其融资等金融服务提供优先权或优惠政策，调动企业使用国产大麦的积极性，稳定大麦种植农户的收益，从而实现优化大麦产业链，提高国产大麦供给能力的目标。二是结合国内大麦加工企业的现状，灵活制定大麦价格支持政策，以减缓大麦贸易政策变动带来的价格波动，降低企业利益遭受损失的风险。

# 参考文献

卜伟，曲彤，朱晨萌，2013. 中国的粮食净进口依存度与粮食安全研究 [J]. 农业经济问题，34(10): 49-56.

陈博文，钟钰，刘佳，2015. 基于市场势力视角对我国大米进口市场结构的研究 [J]. 国际贸易问题 (03): 118-127.

陈明康，杨正勇，2021. 基于中美贸易摩擦背景下我国水产品出口贸易风险预警研究 [J]. 海洋开发与管理，38(01): 63-72.

程燕，2013. 基于产业链视角的中国啤酒大麦产业发展研究 [D]. 北京：中国农业科学院.

崔宁波，刘望，2019. 全球大豆贸易格局变化对我国大豆产业的影响及对策选择 [J]. 大豆科学，38(04): 629-634.

邓光君，2006. 国家矿产资源安全理论与评价体系研究 [D]. 北京：中国地质大学.

邓晓梅，2010. 全球气候变化对我国农产品贸易的影响及对策研究 [J]. 经营管理者 (23): 110-111.

邓仲良，2018. 从中美贸易结构看中美贸易摩擦 [J]. 中国流通经济，32(10): 80-92.

杜永红，2019. 中美贸易摩擦背景下中国对外经济发展策略 [J]. 中国流通经济，33(01): 99-111.

范建刚，2007. "大国效应"的有限性与我国粮食外贸的政策选择 [J]. 经济问题 (08): 29-31.

冯玉洁，祁春节，2015. 中国柑橘国际市场势力实证分析 [J]. 广东农业科学，42(11): 186-192.

高芳，2020. 贸易不确定性对中国企业的冲击及应对策略研究——基于中美贸易摩擦的视角 [J]. 价格月刊 (03): 83-87.

耿晔强, 马志敏, 2010. 新一轮农业谈判关税减让对农产品贸易的影响 [J]. 山西大学学报（哲学社会科学版）, 33(01): 93-96.

龚谨, 2020. 我国大麦进口增长的原因、冲击及贸易政策研究 [D]. 北京: 中国农业科学院.

龚谨, 孙致陆, 李先德, 2018. 我国大麦进口贸易具有"大国效应"吗？ [J]. 华中农业大学学报（社会科学版）(04): 46-53, 167-168.

龚谨, 孙致陆, 李先德, 2019. 中国大麦进口的替代弹性及可依赖性研究 [J]. 中国流通经济, 33(10): 85-93.

郭建平, 2015. 气候变化对中国农业生产的影响研究进展 [J]. 应用气象学报, 26(01): 1-11.

郭修平, 刘帅, 2021. 中国玉米进出口W型波动及贸易效应研究 [J]. 经济纵横 (07): 102-109.

韩青, 2010. 汇率波动与国际贸易量的不确定性关系——基于中国的经验证据 [J]. 经济学（季刊）, 9(02): 447-46.

韩昕儒, 2016. 全球化背景下中国玉米的供求、贸易与预测 [D]. 北京: 中国农业大学.

韩雪, 车亮亮, 秦晓楠, 2018. 我国主要农产品虚拟水贸易风险等级评估 [J]. 经济地理, 38(03): 175-180.

郝世杰, 2001. 新形势下进出口贸易的风险及防范 [J]. 东北财经大学学报 (04): 43-44.

郝晓燕, 韩一军, 石自忠, 2018. 经济政策不确定性对中国粮食贸易影响分析 [J]. 经济问题探索 (03): 159-168.

何畅, 缪东玲, 2018. 中国纸浆进口的风险评估与减缓对策 [J]. 林业经济问题, 38(03): 69-73, 108.

何建坤, 刘滨, 陈迎, 等, 2006. 气候变化国家评估报告（Ⅲ）: 中国应对气候变化对策的综合评价 [J]. 气候变化研究进展 (04): 147-153, 209.

何剑，魏涛，甘如宁，2020. 人民币期货套期保值的比率测度与效果分析 [J]. 新疆农垦经济 (02): 79-85.

胡红安，2007. 经济波动理论研究综述 [J]. 生产力研究 (05): 147-150.

胡向东，2011. 基于市场模型的我国猪肉供需研究 [D]. 北京：中国农业科学院.

胡欣然，2021. 中国大豆进口潜在风险及对策研究 [D]. 北京：中国农业科学院.

胡友，祁春节，2014. 基于HP滤波模型的农产品价格波动分析——以水果为例 [J]. 华中农业大学学报（社会科学版）(04): 57-62.

黄锦明，2010. 人民币实际有效汇率变动对中国进出口贸易的影响——基于1995—2009年季度数据的实证研究 [J]. 国际贸易问题 (09): 117-122.

黄浪，吴超，杨冕，2016. 基于能量流系统的事故致因与预防模型构建 [J]. 中国安全生产科学技术，12(07):55-59.

黄荣文，2002. 国际贸易风险研究 [D]. 福州：福建师范大学.

黄维，邓祥征，何书金，等，2010. 中国气候变化对县域粮食产量影响的计量经济分析 [J]. 地理科学进展，29(06):677-683.

贾贵浩，2021. 日本、法国农业发展模式对南阳农业高质量发展的启示 [J]. 粮食问题研究 (06): 42-46.

贾小玲，2018. 我国大麦生产技术效率及其影响因素研究 [D]. 北京：中国农业科学院.

李碧珍，徐超强，2024. 基于分解集成及不确定理论的碳价格预测 [J]. 安徽大学学报(自然科学版)，48(03): 1-10.

李春顶，何传添，林创伟，2018. 中美贸易摩擦应对政策的效果评估 [J]. 中国工业经济 (10): 137-155.

李光泗，韩冬，2020. 竞争结构、市场势力与国际粮食市场定价权——基于国际大豆市场的分析 [J]. 国际贸易问题 (09): 33-49.

李靓，穆月英，2015. 基于 CMS 模型的中澳粮食贸易及其影响因素分解研究 [J]. 国际经贸探索，31(09): 20-30.

李俊茹，石自忠，胡向东，2021. 地缘政治风险对中国粮食价格的影响 [J]. 华中农业大学学报（社会科学版）(06): 15-26，186.

李溪涓，2012. 林产品进出口贸易风险问题及策略研究 [J]. 哈尔滨：东北林业大学.

李献刚，2013. 套期保值方案在实施过程中的风险控制研究 [J]. 哈尔滨师范大学社会科学学报，4(05): 68-70.

李晓峰，2009. 我国国际贸易波动的影响因素——基于因子分析的研究 [J]. 财经研究，35(02): 76-85.

李晓钟，王斌，2010. 中国罗非鱼产业国际市场势力实证分析——以美国市场为例 [J]. 农业经济问题，32(08): 70-75.

李秀香，赵越，程颖，2011. 农产品贸易的气候变化风险及其应对 [J]. 国际贸易 (11): 23-27，33.

李众敏，唐忠，2006. 东亚区域合作对中国农产品贸易的影响研究 [J]. 中国农村观察 (03): 10-15，80.

林丽华，2012. 进口贸易对经济增长影响的作用机制 [D]. 杭州：浙江工业大学.

林玉洁，2012. 绿色贸易壁垒对中国农产品出口的影响与对策分析 [J]. 对外经贸 (11): 24-26.

刘婧怡，曹芳芳，李先德，2022. 中国大麦进口贸易波动特征及影响因素——基于 1995—2020 年贸易数据的分析 [J]. 湖南农业大学学报（社会科学版），23(01): 63-71.

刘文俊，2012. 中国柑橘产品出口结构及其风险研究 [D]. 武汉：华中农业大学.

刘文强，陆慧，2008. 探析我国农产品国际贸易的问题与对策 [J]. 华商 (08): 95.

刘妍，赵邦宏，张润清，2018. 中国食用菌出口贸易周期波动及持久性预测——基于 ARIMA 模型的分析 [J]. 世界农业 (03): 131-139.

刘炎，2015．产业安全视角下我国小麦进口贸易波动及安全维护机制研究 [D]．青岛：中国海洋大学．

卢锋，2000. 我国棉花国际贸易"贱卖贵买"现象研究 [J]. 经济研究 (02): 3-9，16-78.

卢艳平，肖海峰，2019．中国羊绒及其制品贸易格局波动影响因素分析——基于 CMS 模型实证研究 [J]．农业经济与管理 (04): 53-61．

卢昱嘉，陈秧分，2020. 美国对外农业投资格局演变及其影响因素——兼论"一带一路"农业合作 [J]. 自然资源学报，35(03): 654-667.

吕飞，2020. 气候变化对中国农产品出口贸易的影响研究 [D]. 南昌：江西财经大学．

马宏阳，赵霞，2021．中国小宗农产品价格波动特征的实证分析——以大蒜为例 [J]．农业技术经济 (06): 33-48.

马建蕾，徐锐钊，韩一军，2013. 2012 年中国大米贸易特点及原因分析 [J]. 世界农业 (06): 151-156.

马述忠，王军，2012. 我国粮食进口贸易是否存在"大国效应"——基于大豆进口市场势力的分析 [J]. 农业经济问题，33(09): 24-32，110.

马雪剑，2018. 气候变化背景下我国粮食贸易发展及对策研究——以中美玉米贸易为例 [D]. 北京：北京理工大学．

马媛，2007. 对外贸易风险的成因与防范 [J]. 统计与决策 (19): 146-148.

彭俊杰，2017. 气候变化对全球粮食产量的影响综述 [J]. 世界农业 (05): 19-24，64.

彭斯震，何霄嘉，张九天，等，2015. 中国适应气候变化政策现状、问题和建议 [J]. 中国人口·资源与环境，25(09): 1-7.

钱凤魁，王文涛，刘燕华，2014. 农业领域应对气候变化的适应措施与对策 [J]. 中国人口·资源与环境，24(05): 19-24.

屈四喜，2011. 中国对东盟农产品出口的影响因素分析 [J]. 农业技术经济 (03): 119-125.

任晓娜，2012. 气候变化对中国粮食生产与贸易政策的影响研究 [D]. 北京：中国农业科学院.

盛芳芳，张玉梅，陈志钢，2020. 非洲猪瘟与中美贸易摩擦对中国猪肉市场及贸易的影响分析 [J]. 农村经济 (12): 17-23.

盛国勇，2017. 技术壁垒对我国茶叶企业出口的影响研究 [D]. 武汉：中南财经政法大学.

石自忠，2017. 中国牛肉市场价格波动及影响因素研究 [D]. 北京：中国农业大学.

司伟，韩天富，2021. "十四五"时期中国大豆增产潜力与实现路径 [J]. 农业经济问题 (07): 17-24.

司伟，张猛，2013. 中国大豆进口市场：竞争结构与市场势力 [J]. 中国农村经济 (08): 29-39.

宋海英，姜长云，2021. 中国拓展大豆进口来源的可能性分析 [J]. 农业经济问题 (06): 124-131.

宋尚文，2017. 山东省农产品出口贸易风险预警指标体系设计 [D]. 济南：山东财经大学.

孙致陆，2019. 贸易开放背景下国际小麦贸易市场势力实证分析 [J]. 华中农业大学学报（社会科学版）(04): 1-14, 169.

孙致陆，李先德，2015. 大麦进口对我国大麦产业的影响与应对措施 [J]. 中国食物与营养，21(07): 50-54.

谭城，2005. 水产品出口贸易风险预警系统研究 [D]. 北京：中国农业大学.

谭琳元，李先德，2020. 基于贸易视角的中国大麦产业安全分析 [J]. 中国农业资源与区划，41(04): 117-123.

唐文华，2010. 中国对日本果蔬出口贸易风险及预警研究 [D]. 衡阳：南华大学.

陶雅, 2017. 我国原木进口风险影响因素及对策研究 [D]. 长沙：中南林业科技大学.

田聪颖, 肖海峰, 2015. 基于 CMS 模型的我国玉米贸易逆差影响因素分析 [J]. 中国食物与营养, 21(08): 45-49.

王瑾, 聂影, 2018. 中国松香贸易风险的综合评价方法研究 [J]. 南京林业大学学报（自然科学版）, 42(02): 207-211.

王雷, 樊朝杰, 2011. 中国服装产业出口贸易市场势力研究——以美国市场为例 [J]. 国际经贸探索, 27(01): 24-29.

王溶花, 曾福生, 2015. 基于 CMS 模型的我国粮食进口贸易波动分析 [J]. 经济经纬, 32(04): 49-53.

王瑞峰, 2019. 粮食进口对中国粮食安全的影响及保障效率研究 [D]. 哈尔滨：东北农业大学.

王文亭, 卫龙宝, 王倩倩, 2018. 大豆市场政策干预对大豆国际价格的影响 [J]. 中国农村经济 (09): 47-61.

王晓晔, 1998. 欧盟反倾销法与我国对欧盟的出口贸易（上）[J]. 国际贸易问题 (01): 49-55.

王星星, 2020. 全球天然石墨贸易供应风险评估及贸易重配策略研究 [D]. 北京：中国地质大学.

吴建功, 2008. 国际贸易风险管理理论研究的评述与展望 [J]. 经济学动态 (07): 80-84.

吴楠, 2018. 气候变化背景下我国粮食价格变化对宏观经济稳定的影响分析 [D]. 北京：北京理工大学.

吴秀敏, 林坚, 2004. 技术性贸易壁垒对中国农产品出口的消极影响分析 [J]. 国际贸易问题 (12): 29-34.

夏佩, 2016. 进口价格波动风险对中国猪肉产品进口来源布局的影响研究 [D]. 南京：南京农业大学.

熊灵，魏伟，杨勇，2012. 贸易开放对中国区域增长的空间效应研究：1987—2009[J]. 经济学（季刊），11(03): 37-58.

徐建中，李奉书，黄婧涵，2018. 对外贸易促进中国区域经济增长了吗？——基于 FDI 的双重门槛效应研究 [J]. 管理现代化，38(02): 21-24.

徐明，2013. 世界大麦贸易格局及对我国大麦产业影响研究 [D]. 北京：中国农业科学院.

徐雪高，沈贵银，2015. 关于当前我国大豆产业发展状况的若干判断及差异化战略 [J]. 经济纵横 (12): 53-59.

徐振伟，2020. 日韩海外农业投资的比较及对中国"一带一路"建设的启示 [J]. 经济社会体制比较 (03): 57-66.

闫逢柱，苏李，田国英，2009. 中国出口贸易增长波动的实证分析——基于经济周期理论视角 [J]. 当代财经 (10): 99-104.

晏莹，龙方，2015. 美日韩粮食安全保障资源国际配置的经验 [J]. 世界农业 (05): 72-77.

杨东群，李先德，2013. 中国大麦生产格局变化及其决定因素 [J]. 中国农学通报，29(32): 105-111.

杨莲娜，李先德，2012. 中国大麦产业国际竞争力分析 [J]. 农业经济与管理 (06): 57-64.

杨绍远，邹异林，杨洪鹏，等，2024. 基于海因里希法则的电力系统安全隐患及事故分析 [J]. 劳动保护 (03): 100-102.

杨钰莹，2020. 北京市城镇居民乳制品消费行为研究 [D]. 北京：中国农业科学院.

尹朝静，李谷成，范丽霞，等，2016. 气候变化、科技存量与农业生产率增长 [J]. 中国农村经济 (05): 16-28.

俞书傲，2019. 气候变化对农作物生产的影响 [D]. 杭州：浙江大学.

岳子惠，2014. 我国大麦种植户生产决策行为分析 [D]. 北京：中国农业科学院.

张国平，陈锦新，汪军妹，等，2002. 中国大麦 β-葡聚糖含量的品种和环境变异研究 [J]. 中国农业科学 (01): 53-58.

张会清，2014. 中国铁矿石进口风险的量化评估 [J]. 国际经贸探索 (01): 44-55.

张建清，魏伟，2010. 金融危机下中国对美出口贸易波动分析——基于中美应对危机政策的视角 [J]. 世界经济研究 (03): 56-60，88-89.

张琳，2014. 中国大麦供给需求研究 [D]. 北京：中国农业科学院.

张庆君，2007. 基于经济周期理论的我国出口贸易波动特征分析 [J]. 国际经贸探索 (07): 23-27.

张融，2015. 贸易开放条件下中国大麦的供求结构与市场价格研究 [D]. 北京：中国农业科学院.

张小琳，2014. 基于修正层次分析法的我国石油贸易风险问题研究 [D]. 北京：对外经济贸易大学.

张瑜，2015. 中国对东盟农产品出口贸易风险评估与防范研究 [D]. 南宁：广西大学.

张玉梅，盛芳芳，陈志钢，等，2021. 中美经贸协议对世界大豆产业的潜在影响分析——基于双边贸易模块的全球农产品局部均衡模型 [J]. 农业技术经济 (04): 4-16.

张云华，2018. 关于粮食安全几个基本问题的辨析 [J]. 农业经济问题 (05): 27-33.

赵红雷，2013. 中国玉米进出口贸易波动研究 [D]. 杨凌：西北农林科技大学.

赵亮，穆月英，2012. 东亚"10+3"国家农产品国际竞争力分解及比较研究——基于分类农产品的 CMS 模型 [J]. 国际贸易问题 (04): 59-72.

赵雪雁，王伟军，万文玉，等，2015. 近50年气候变化对青藏高原青稞气候生产潜力的影响 [J]. 中国生态农业学报，23(10): 1329-1338.

郑晓博，苗韧，雷家骕，2010. 应对气候变化措施对贸易竞争力影响的研究 [J]. 中国人口·资源与环境，20(11): 66-71.

钟钰，陈博文，2014. 国际粮食供求与我国粮食进口效率研究 [J]. 现代经济探讨 (08): 59-63.

钟钰，华树春，靖飞，2005．中国农产品贸易进口波动因素分析 [J]. 南京农业大学学报（社会科学版）(04): 6-10.

周力，应瑞瑶，江艳，2008．我国葡萄酒进口贸易波动研究——基于CMS 模型的因素分解 [J]. 农业技术经济 (02): 25-31.

周曙东，赵明正，陈康，等，2015. 世界主要粮食出口国的粮食生产潜力分析 [J]. 农业经济问题，36(06): 91-104，112.

周曙东，周文魁，林光华，等，2013. 未来气候变化对我国粮食安全的影响 [J]. 南京农业大学学报 ( 社会科学版 )，13(01): 56-65.

周文魁，2012. 气候变化对中国粮食生产的影响及应对策略 [D]. 南京：南京农业大学．

周玉琦，2019. 美、日农业对外直接投资影响因素研究 [D]. 海南：海南大学．

朱晶，2000．贸易、波动、可获性与粮食安全 [D]. 南京：南京农业大学．

朱立志，谢杰，钱克明，等，2008. 全球变暖、人口增加对世界农业贸易的影响 [J]. 农业经济问题 (02): 21-27，110-111.

庄鸿棉，吴建江，1994. 出口风险的识别与管理 [J]. 国际经贸探索 (05): 68-70，74.

AHMED K F, WANG G, YU M, et al., 2015. Potential Impact of Climate Change on Cereal Crop Yield in West Africa[J]. Climatic change, 133: 321-334.

ANDERSON M, GARCIA P, 1989. Exchange Rate Uncertainty and the Demand for U.S. Soybeans[J]. American Journal of Agricultural Economics, 71: 721–729.

AZOOZ R H, ARSHAD M A, 2000. Soil Water Drying and Recharge Rates as Affected by Tillage under Continuous Barley and Barley-canola Cropping Systems in Northwestern Canada[J]. Canadian Journal of Soil Science, 81: 45-52.

BAIN J, 1956. Barriers to New Competition: Their Characters and Consequences in Manufacturing Industries[M]. Cambridge, MA: Harvard University Press.

BAISAN C H, SWETNAM T W, 1990. Fire History on a Desert Mountain Range: Rincon Mountain Wilderness, Arizona, U.S.A[J]. Canadian Journal Of Forest Research, 20(10): 1559-1569.

BAKER J B, BRESNAHAN T F, 1988. Estimating the Residual Demand Curve Facing a Single Firm[J]. International Journal of Industrial Organization, 6(03): 283-300.

BECCARELLO M, 1997. Time Series Analysis of Market Power: Evidence From G-7 Manufacturing[J]. International Journal of Industrial Organization (15): 123-136.

BOYER R, DRACHE D, 1996. States Against Markets: the Limits of Globalization[M]. London: Routledge.

BRAS T, GERMEYR J, SSIXAS J, 2019. Exposure of the EU-28 Food Imports to Extreme Weather Disasters in Exporting Countries[J]. Food Security (11): 1373-1393.

DAYAL-GULATI A, CERRA V, 1999. China's Trade Flows: Changing Price Sensitivies and the Reform Process[M]. St. Louis: Federal Reserve Bank of St. Louis.

DERYNG D, CONWAY D, RAMANKUTTY N, et al., 2014. Global Crop yield Response to Extreme Heat Stress Under Multiple Climate Change Futures[J]. Environmental Research Letters, 9(03):034011.

DOLLAR D, KRAAY A, 2003. Institutions, Trade, and Growth[J]. Journal of monetary economics, 50(01): 133-162.

DONG X, VEEMAN T S, VEEMAN M M, 1995. China's Grain Imports: an Empirical Study[J]. Food policy, 20(04): 323-338.

ESPER J, SCHNEIDER L, KRUSIC P J, et al., 2013. European Summer Temperature Response to Annually Dated Volcanic Eruptions Over the Past Nine Centuries[J]. Bulletin of Volcanology, 75: 12-14.

FRIEND A D, Valentini R, Aubinet M, et al., 2005. Europe-Wide Reduction in Primary Productivity Caused by the Heat and Drought in 2003[J]. Nature, 437(7058): 529-533.

FURUYA J, KOBAYASHI S, 2009. Impact of Global Warming of Agricultural Product Markets: Stochastic World Food Model Analysis[J]. Sustainability Science, 4: 71-79.

GASSEBNER M, KECK A, TEH R, 2006. The Impact of Disasters on International Trade. WTO Staff Working Papers, 53(03):195-206.

GEDALOF Z V, PETERSON D L, MANTUA N J, et al., 2005. Atmospheric, Climatic, and Ecological Controls on Extreme Wildfire Years in the Northwestern United States[J]. Ecological Applications, 15(01):154-174.

GODFRAY H C J, AVEYARD P, GARNETT T, et al., 2018. Meat Consumption, Health, and the Environment[J]. Science, 361(6399): eaam5324.

GOLDBERG P K, KNETTER M M, 1999. Measuring the Intensity of Competition in Export Market[J]. Journal of International Economics, 47(01): 27-60.

HANKS K, CRAEYNEST L, 2014. The EU's 2030 Energy and Climate Change Package-Fit for a Food and Energy-Secure World? [M]. Oxford: Oxfam International.

HAURWITZ M W, BRIER G W, 1981. A Critique of the Superposed Epoch

Analysis Method: Its Application to Solar-Weather Relations[J]. Monthly Weather Review, 109(10): 2074-2079.

HESSL A E, BROWN P, BYAMBASUREN O, et al., 2016. Fire and Climate in Mongolia (1532—2010 Common Era) [J]. Geophysical Research Letters, 43(12): 6519-6527.

HOLDEN N M, BRERETON A J, FEALY R, et al., 2003. Possible Change in Irish Climate and its Impact on Barley and Potato Yields[J]. Agricultural and Forest Meteorology, 116(3-4): 181-196.

HOOPER P, KOHLHAGEN S W, 1978. The Effect of Exchange Rate Uncertainty on the Price and Volume of International Trade[J]. Journal of International Economics, 8(04): 483-511.

JEPMA C J, 1986. Extensions and Application Possibilities of the Constant Market Shares Analysis. The Case of the Developing Countries' Export[D]. Groningen: University of Groningen.

KELLY P M, SEAR C B, 1984. Climate Impact of Explosive Volcanic Eruptions[J]. Nature, 311(5988): 740-743.

KIPFMUELLER K F, SCHNEIDER E A, WEYENBERG S A, et al., 2017. Historical Drivers of A Frequent Fire Regime in the Red Pine Forests of Voyageurs National Park, MN, USA[J]. Forest Ecology and Management, 405: 31-43.

KNOX J, HESS T, DACCACHE A, et al., 2012. Climate Change Impacts on Crop Productivity in Africa and South Asia[J]. Environmental Research Letters, 7(03):034032.

LAPOLA D A, MARTINELLI L A, PERES C A, et al., 2014. Pervasive Transition of the Brazilian Land-Use System[J]. Nature Climate Change, 4 (01): 27-35.

LERNER A P, 1934. The Concept of Monopoly and the Measurement of

Monopoly Power[J]. The Review of Economic Studies, 1(03): 157-175.

LESBIREL S H, 2004. Diversification and Energy Security Risks: The Japanese Case[J]. Japanese Journal of Political Science, 5(01): 1-22.

LESK C, ROWHANI P, RAMANKUTTY N, 2016. Influence of Extreme Weather Disasters on Global Crop Production[J]. Nature, 529(7584): 84-87.

LEVESQUE M, RIGLING A, BUGMANN H, et al., 2014. Growth Response of Five Co-Occurring Conifers to Drought Across A Wide Climatic Gradient in Central Europe[J]. Agricultural and Forest Meteorology, 197: 1-12.

LOBELL D B, SCHLENKER W, COSTA R J, 2011. Climate Trends and Global Crop Production Since 1980[J]. Science, 333(6042): 616-620.

MARGULIS S, DUBEUX C B S, MARCOVITCH J, 2011. The Economics of Climate Change in Brazil: Costs and Opportunities. São Paul: FEA/USP.

MOSNIER A, OBERSTEINER M, HAVLIK P, et al., 2014. Global Food Markets, Trade and the Cost of Climate Change Adaptation[J]. Food Security, 6(01): 29-44.

MUHAMMAD A, 2012. Source Diversification and Import Price Risk[J]. American Journalof Agricultural Economics, 94(03): 801-814.

MÜLLER C, ROBERTSON R D, 2014. Projecting Future Crop Productivity for Global Economic Modeling[J]. Agricultural Economics, 45(01): 37-50.

OLESEN J E, BINDI M, 2002. Consequences of Climate Change for European Agricultural Productivity. Land Use and Policy[J]. European Journal of Agronomy (16): 239-262.

OZKAN-GUNAY E N, FEDAI H, 2011. Effects of Climate Change on Agricultural Trade Capability in The European Food Market[J]. Journal of EU Research in Business, 2011: 1-21.

PICK D, 1990. Exchange Rate Risks and U.S. Agricultural Trade Flows[J]. American Journal of Agricultural Economics (72): 694-700.

PUMA M J, BOSE S, CHON S Y, et al., 2015. Assessing the Evolving Fragility of the Global Food System[J]. Environmental Research Letters (10): 024007.

ROSENZWEIG C, IGLESIUS A, YANG X B, et al., 2001. Climate Change and Extreme Weather Events – Implications for Food Production, Plant Diseases, and Pests[J]. Global Change & Human Health, 2(02): 90-104.

ROSENZWEIG C, ELLIOT T J, DERYNG D, et al., 2013. Assessing Agricultural Risks of Climate Change in the 21st Century in a Global Gridded Crop Model Intercomparison. Proceedings of the National Academy of Sciences of the United States of America, 111(09): 3268-3273.

ROUDIER P, SULTAN B, QUIRION P, et al., 2011. The Impact of Future Climate Change on West African Crop Yields: What Does the Recent Literature Say? [J]. Global Environmental Change (21): 1073-1083.

RUSCHINSKI M, 2006. Investigating the Cyclical Properties of World Trade[R]. Ifo Working Paper.

SAMUELSON P, 1939. Interactions between the Multiplier Analysis and the Principle of Acceleration[J]. Review of Economics & Statistics, 21(02):75-78.

SONG B, MARCHANT M A, REED M R, et al., 2009. Competitive Analysis and Market Power of China's Soybean Import Market[J]. International Food and Agribusiness Management Review, 12(01): 21-42.

STEWART L D, ELLIOTT C T, 2015. The Impact of Climate Change on Existing and Emerging Microbial Threats Across the Food Chain: An Island of Ireland Perspective[J]. Trends in Food Science & Technology, 44(01): 11-20.

SWETNAM T W, 1993. Fire History and Climate Change in Giant Sequoia Groves[J]. Science(262): 885-889.

TEIXEIRA E I, FISCHER G, VELTHUIZEN H v, et al., 2013. Global Hotspots of Heat Stress on Agricultural Crops Due to Climate Change[J]. Agricultural and Forest Meteorology, 170: 206-215.

TORRIANI D, CALANCA P, LIPS M, et al., 2007. Regional Assessment of Climate Change Impacts on Maize Productivity and Associated Production Risk in Switzerland[J]. Regional Environmental Change, 7: 209-221.

TRICASE C, AMICARELLI V, LAMONACA E, et al., 2018. Economic Analysis of the Barley Market And Related Uses[M]// Tadele Z, Grasses as food and feed. London: IntechOpen.

TYSZYNSKI, 1951. World Trade in Manufactured Commodities:1899-1950[J]. The Manchester School of Economic and Social Studies, 19(09): 272-304.

VERÓN S R, DE ABELLEYRA D, LOBELL D B, 2015. Impacts of Precipitation and Temperature on Crop Yields in the Pampas[J]. Climatic change, 130: 235-245.

VIVODA V, 2009. Diversification of Oil Import Sources and Energy Security: a Key Strategy or an Elusive Objective?[J]. Energy Policy, 37(11): 4615-4623.

WOLAK F A, KOLSTAD C D, 1991. A Model of Homogeneous Input Demand under Price Uncertain[J]. American Economic Review (03): 514-538.

WU G, WEI Y M, FAN Y, et al., 2007. An Empirical Analysis of the Risk of Crude Oil Imports in China Using Improved Portfolio Approach[J]. Energy Policy (35): 190-199.

XIE W, XIONG W, PAN J, et al., 2018. Decreases in Global Beer Supply Due to Extreme Drought and Heat[J]. Nature Plants, 4(11): 964-973.

YAWSON D O, BALL T O, ADU M O, et al., 2016. Simulated Regional Yields of Spring Barley in the United Kingdom under Projected Climate

Change[J]. Climate, 4(04): 54.

YAWSON D O, MOHANN S, ARMAH F A, et al., 2020. Virtual Water Flows Under Projected Climate, Land use and Population Change: The Case of UK Feed Barley and Meat[J]. Heliyon, 6(01): e03127.

YAWSON D O, MULHOLLAND B J, BALL T, et al., 2017. Effect of Climate and Agricultural Land Use Changes on UK Feed Barley Production and Food Security to the 2050s[J]. Land, 6(04): 1-14.

YEVDOKIMOV Y, HETALO S, BURINA Y, 2021. Econometric Evaluation of Large Weather Events Due to Climate Change: Floods in Atlantic Canada[J]. International Journal of Global Energy Issues, 7: 275-283.

ZHANG H Z, CHENG G Q, 2016. China's Food Security Strategy Reform: An Emerging Global Agricultural Policy[M]//Wu F S, Zhang H Z. China's Global Quest for Resources Energy, Food and Water. London: Routledge Press.

ZILLI M, SCARABELLO M, SOTERRONI A C, et al., 2020. The Impact of Climate Change on Brazil's Agriculture[J]. Science of the Total Environment, 740: 139384.